服务型政府效率评价体系与应用研究

李堂军　田刚　郝贵明　著

山东大学出版社

图书在版编目(CIP)数据

服务型政府效率评价体系与应用研究/李堂军,田刚,郝贵明著.—济南:山东大学出版社,2015.12
ISBN 978-7-5607-5440-6

Ⅰ.①服… Ⅱ.①李… ②田… ③郝… Ⅲ.①国家行政机关—行政管理—研究—中国 Ⅳ.①D630.1

中国版本图书馆 CIP 数据核字(2015)第 306621 号

责任策划:姜　山
责任编辑:姜　山
封面设计:张　荔

出版发行:山东大学出版社
社　址　山东省济南市山大南路 20 号
邮　编　250100
电　话　市场部(0531)88364466
经　销:山东省新华书店
印　刷:济南铁路印刷厂
规　格:850 毫米×1168 毫米　1/32
5.875 印张　150 千字
版　次:2015 年 12 月第 1 版
印　次:2015 年 12 月第 1 次印刷
定　价:20.80 元

前　言

政府是一个政治体系，是于某个区域订立法规和执行法律和管理的一套机构。从理论上看，它有广义与狭义两种内涵，广义的政府包括立法机关、行政机关、司法机关；狭义的政府仅指行政机关。政府的职能随着时代的变迁而发生变化，主要包括政治职能、经济职能、文化职能和社会职能。这些职能在不同的制度、社会形态下其主导地位是不同的。随着社会的进步，世界友好合作、和平发展已成为主旋律，政府的社会职能的地位将进一步提升，逐渐发展为最主要的职能。

自19世纪后半叶德国学者瓦格纳率先提出"公共服务"这一概念后，政府的社会服务功能便引起了越来越多的关注。进入20世纪，受凯恩斯理论影响，政府的市场干预和社会服务功能受到了前所未有的重视。在一般发展过程中，政府不过度干涉市场经济，由市场自我调节，政府的主要职能就是为社会提供各种公共服务。

我国政府自成立以来，非常重视发挥自身的服务功能，党的宗旨就是"为人民服务"。党的十八大报告提出建设法治政府和服务型政府的目标，落实中国特色社会主义"五位一体"总体布局。十八届三中全会指出，必须切实转变政府职能，深化行政体制改革，创新行政管理方式，增强政府公信力和执行力。

服务型政府是一个具有核心竞争力的政府。在我国，这个核心竞争力就是社会主义的基本价值，就是社会平等、政治民主和以人为本。这一核心竞争力是与人类文明发展的大趋势相一致的，是我们构筑国家“软实力”的基本要素。一个服务型政府，首要的特征就是张扬社会主义的基本价值，实现社会平等、政治民主和以人为本的“制度化形态”，并在社会实践和改革过程中具有切实的可操作性。离开社会主义的基本价值、宪法原则和我们党的执政理念谈服务型政府，这个服务型政府就可能是无本之木、无源之水。

建设服务型政府，其本质要求，就是坚持一切从人民群众的根本利益和现实需求出发，全心全意为人民群众服务；从构建社会主义和谐社会的要求看，就是要以解决民生问题为根本着眼点和目的，在发展经济的基础上，不断提高人民的物质、文化、生活水平，特别要大力发展社会事业和公共事业，为人民群众提供更多更好的公共产品和公共服务，不断加强社会管理和建设，切实维护社会公正、社会秩序和社会稳定。我国政府明确提出建设服务型政府，反映了我们党对中国特色社会主义事业发展的新认识，也反映了我们党对执政能力、执政方式的新认识。实现这方面的任务，必将为落实科学发展观，促进经济、社会和人的全面发展，构建社会主义和谐社会提供重要保障。必须加强宏观思考和顶层设计，更加注重改革的系统性、整体性、协同性。同时也要对实践效果进行定期考核，以便发现问题并及时改正，更有利于社会的健康稳定发展。

建设服务型政府的内涵丰富，有许多模式与途径，这些模式和途径必须与我国的国情相一致，其建设的效果是通过服务型政府的效率来体现的。如何通过效率来衡量服务型政府，是目前普遍关注的问题之一，也是学术界研究的热点之一。我们通过多年的探索，对这一问题进行了系统性的研究，主要包括以下几个方面：

第一章，从政府概念入手，论述了服务型政府的提出及其内涵、建设公共服务型政府的理论意义与实践价值。在此基础上，总结了我国进行服务型政府建设所取得的主要成果以及所存在的主要问题。

第二章,从历史的角度论述了政府的发展变化过程。本章详细介绍了我国政府机构的变迁与职能的变化,在此基础上探讨了政府机构的演变规律。从实际情况出发论述了公共服务型政府的内涵、公共服务型政府所应具有的六个基本特征、公共服务型政府的价值取向规律,进一步论述了建设公共服务型政府的建设原则及典型的几种目标模型。

第三章,主要论述了公共服务型政府绩效评价指标选取的依据、原则。在分析影响政府绩效因素的基础上,从经济绩效、服务绩效、内部绩效和社会绩效四个评价维度,确定了 13 个二级指标以及 35 个三级指标的评价体系,对各项指标设计了数量化计算方法与公式,并对各评价指标进行了信度和效度检测,证明符合要求。以数据库技术为基础进行了相应的数据库设计,使指标数据存储于数据库中便于分析与利用。

第四章,通过评价模型的比较选择,设计了与公共服务型政府绩效评价相一致的评价模型与评价方法,包括评价指标的评价标准及其计算公式、评价等级的设定及其标准。再以数据库、.net 技术为基础,设计了评价体系、评价标准、评价模型与评价方法的网络化系统与实现,具体包括数据库设计、结构模块设计、用例设计、功能设计与界面设计、数据分析,利用此系统进行了相应的应用与分析。

第五章,在介绍当前云计算发展、云计算服务方式、云计算部署方式以及云计算框架应包含的主要内容的基础上,构建了政府云服务的架构结构,主要包括政府云服务架构解决方案、政府云的应用架构、政府云的业务应用服务内容;设计了政府自动化内涵,包括政务应用的云化以及政务云化的应用案例;从智慧型云政府的内容、基于大数据的服务质量评测、智慧测评方法、智慧决策等四个方面建立了云政府服务质量体系。

第六章，从进行服务型政府理论宣传，加强公务员服务意识教育；完善服务制度，建立符合中国特色的公共服务体制；改革投资型财政体制，建立公共服务型财政体制；构建行之有效的行政监督机制，加强对政府工作监督；建立服务型政府绩效评价体系，提高政府工作质量等五个方面构建了公共服务型政府的保障体系。

在本书的写作过程中参考了大量文献，有的在书后参考文献中列出，有的未在参考文献中列出，在此对相关研究者一并表示感谢。尽管如此，由于学识、能力与水平有限，在某些问题上我们仅仅作了一些有益的探讨，因此，书中若有讹误，敬请同仁们及专家不吝指教。

著　者

2015 年 10 月于青岛

目 录

第一章
公共服务型政府建设概述

第一节　公共服务型政府建设问题的提出

建设公共服务型政府是国内外环境因素综合影响的结果。其中，国际化、社会化和市场化是推进中国地方服务型政府建设的主要动因。外部动力源于国家政府以外的社会压力和国际影响，内部动力源于政府发展的内在要求、应对政治体制种种弊病以及解决改革开放以来积压和新出现的社会矛盾的路径选择。

自 19 世纪后半叶德国学者瓦格纳率先提出“公共服务”这一概念后，政府的社会服务功能便引起了越来越多的关注。进入 20 世纪，受凯恩斯理论影响，政府的市场干预和社会服务功能受到了前所未有的重视。这一理论思潮反对以僵化的官僚制为主要特征的政府形式，强调政府的工作效率和社会服务导向，并主张政府服务应向社会广泛开放。对公共利益和民主行政等价值观的强调更日益成为政府改革的呼声，要求政府转变治理方式，为公众提供更加方便、快捷、优质、全面的公共服务，最大化地促进公共利益和推动民主政治的发展。20 世纪 70 年代以来，新公共管理理论在美国等西方国家的公共行政研究领域取得了主流地位。以英国为例，在整个 80 年代，英国采取了一系列的行政改革措施发起反对浪费和低效益的运动，成立了一个效率工作组；实行大规模的私有化，将包括英国石油、英国电信、英国钢铁、英国航空等著名公司在内的40多家大型国有企业卖给私人；对地方政府的预算开支实行总量控制；要求所有的地方建筑和公路建设项目实行公共部门与私营部门公开竞标。这项运动又叫政府再造，后来又经过多次修正。这一理念主张管理就是服务，政府的存在是为了满足社会的需求，政府应该尽可能地为社会提供满意的公共产品。在全球化日益发展的今天，公共服务的浪潮很快波及世界各地，引起了一场重塑政府的革命。

改革开放以来，我国以经济建设为中心，逐步形成了一个“经济建设型政府”模式。政府作为经济建设主体和投资主体，长期主导资源配置，并将掌握的资源主要运用在经济领域，这使政府长期充当经济建设主体和投资主体的角色。虽然实现了GDP的快速增长和我国经济的快速发展，2012年我国经济总量更是突破了52万亿元。但我们也应当看到，“经济建设型政府”不可避免地导致了一些严重的后果，主要表现为：

（1）对专业化分工的强调必然导致行政部门和行政层级越来越多，从而导致政府日趋臃肿庞大。而且这些专业部门相互分割，缺乏必然的内在联系，从而影响了各部门和层级之间的信息传递速度、时效性和有效性。

（2）这种体制必然会以GDP为官员政绩考核的主要指标，造成许多低效率的投资，政府的社会服务功能受到抑制，进而造成市场机制发挥作用的空间被压缩，行政垄断和审批事项增多。

（3）只重视经济的增加速度，不重视社会效益，产生了较为严重的生态失衡、社会失衡现象。环境污染加剧，生态环境造成了严重破坏；收入差距、贫富差距不断拉大，农村贫困、城市弱势群体贫困问题日益突出；就业压力大，就业形势严峻，农村大量剩余劳动力亟待转移，而城市失业人口又居高不下；医疗、基础教育、社会保障等公共产品历史欠账太多，有效供给长期严重不足，难以满足人民群众日益增长的公共需求;生产安全、卫生安全、食品安全事故频繁发生,社会秩序急需重建。

(4)对权力集中统一的过分强调助长了行政人员的官僚主义思想观念和惰性,导致官僚制组织以自我为中心来考虑问题而不是以民为本来考虑问题,进而导致政府的社会公信力降低,社会信用体系破坏。

以上所述的"经济建设型政府"模式造成的后果说明,政府转型势在必行,即从计划经济时代权力高度集中的计划控制型政府,向市场经济条件下的有限权力的公共服务型政府转变。在这种大背景下,"公共服务型政府"作为相应的政府行政模式已日趋明朗。同时十八大还指出各级政府要全面履行职能,在继续搞好经济调节、加强市场监管的同时,更应注重履行政府的社会管理和公共服务职能,提高公共服务水平,促进经济发展与社会协调一致,促进中国公共行政系统由传统型向现代公共服务型转变。只有彻底改变传统计划经济时代下的管制型政府治理模式,建立一种全新的公共服务型政府治理范式,才能应对新时期各种严峻的挑战,有力地推动经济和社会持续、健康、稳定的发展,才能真正保障广大人民群众的根本利益。此外,构建公共服务型政府,既是政府改革的一个方向,也是构建和谐社会的重要途径。

综上所述,深化行政管理体制和政府机构改革,加强政策职能转变,积极推进服务型政府建设,是实践"科学发展观"重要思想的本质要求,是"立党为公,执政为民"的重要体现,是构建和谐社会的重要途径。因此,建设公共服务型政府势在必行。

第二节　公共服务型政府建设的理论意义

国家与政府起源理论、社会契约理论、新公共管理理论和公共选择理论都从不同角度表明提供公共服务是政府的必然职能，建立公共服务型政府有其必要性。

一、建立公共服务型政府是国家起源理论的继承和发展

马克思主义认为，国家是社会发展到一定阶段的产物，国家的本质在于执行阶级统治，维护统治阶级的利益。因此，政府职能的核心是维持阶级统治。但是，国家已经产生，还必须担负管理社会公共事务的职能。因为政治统治到处都是以执行某种社会职能为基础，而且政治统治只有在它执行了它的这种社会职能时才能持续下去。可见，政府作为代表统治阶级意志和利益的特殊的公共权力组织，必须依靠良好的社会管理来实现阶级的政治统治。政府的社会管理职能作为政府所代表的国家的性质和活动的基本方向的反映，归根结底是为占统治地位的阶级所赖以存在与发展的经济基础服务的。因此，我国建立公共服务型政府的目的是维护最广大人民的根本利益，全心全意为人民服务。正如国务院前总理温家宝所说的："管理就是服务，我们要把政府办成一个服务型的政府，为市场主体服务，为社会服务，最终是为人民服务。"

二、建立公共服务型政府是社会契约理论的继承和发展

社会契约理论认为，人们为了克服自然状态的不便，更好地保护人身和财产安全，便相互订立契约，自愿放弃某些权利，把这些权利交由他们所指定的人按一定的规则来行使。由此，为社会提供财产、人身安全等公共安全服务是政府的主要目的。人们服从政府是因为人们认为政府是为自己行使公共权力、解决社会问题和保障公众利益的。因此，从社会契约理论看，我国建设公共服务型政府，一方面，可使政府为广大人民提供各种促进个人全面发展的公共服务；另一方面，又可使个人更服从政府的管理和领导者的领导，从而使社会更健康、和谐地发展。

三、建立公共服务型政府是新公共管理理论的继承和发展

公共管理的核心和本质就是服务型政府。20世纪70年代以来，随着全球化、知识经济以及信息社会的到来，针对管制型政府失效的症状，在西方各国公共部门中兴起了一股引用“企业化”运作模式，即运用市场力量来改造政府绩效的运动。在这场被称为“新公共管理”的运动中，西方各国纷纷提出了“政府再造”的口号，以期通过“政府再造”来改善公共物品的供给质量，重新赢得公众对政府的信心。正是在“新公共管理”运动蔚然成风的背景下，西方很多国家提出了创建“服务型政府”的目标。席卷全球的公共管理浪潮完全改变了政府的管理理念：衡量政府管理实绩的焦点不是看投入而应该更注重结果；政府官员管理的动力主要不是来自于规章条文，而是来自于自己的使命；把服务的对象重新鉴定为顾客，给顾客以更多的选择自由；实行参与式管理，把大量权力从官僚机构转移到社区。这种管理理念的变化既来源于外部生态环境的变化，也是政府主动适应外部环境的一种必然的选择，是对政府存在的价值、政府职能和政府行为的再思考和重新定位，是一种观念上的革命和理论上的创新。

四、从公共选择理论看政府提供公共服务的可能性

经济学上认为公共服务型政府就是提供私人或者社会不愿意提供，或者没有能力提供的公共产品的组织。公共选择理论认为，水、电、气、路、通信、交通工具等有形的物质产品及包括安全、医疗、教育、娱乐等在内的无形的非物质产品在一定程度上具有非排他性和非竞争性的特征，这些公共服务亦可被称作为“公共物品”。由于公共物品具有非竞争性，这类物品应免费提供。公共选择理论认为政府作为公共利益的保证人，其作用不仅是弥补市场的不足，而且在公共物品的提供上要力争实现社会财富的最优分配。

政府即使不直接提供公共服务，也必须通过各种途径创建公共服务的供给体系，以保证公共服务的充足和有效。因此，我国建设公共服务型政府正是为了保证最广大人民能享受到充足和有效的公共服务。

第三节　公共服务型政府建设的实践意义

建设公共服务型政府具有重大的实践意义，主要表现在如下几个方面：

1. 建设公共服务型政府更有利于市场经济持续快速发展，能更好地为经济发展服务。公共服务型政府通过创造良好环境、完善市场经济，为企业服务来促进经济发展。从经济学上分析，公共服务型政府促进经济发展的效率比经济建设型政府的效率更高。在市场经济条件下，经济建设型政府对于促进经济发展的作用是有限的，并且不可能长期维持较高的效率。其中的根本原因就是由于产权的问题不容易解决，委托代理的关系不容易处理。在产权关系不能明晰的情况下，一方面造成国有企业的低效运转，另一方面又容易造成腐败的加剧。如果政府从具体的经济建设和经济活动中抽身出来，企业将显得更加活力四射，不仅国有企业会得到发展，民营企业也会得到长足发展。因此，从经济建设型政府转向公共服务型政府，经济发展不仅不会减慢，而且还会大大加快。

2. 建设公共服务型政府有助于解决发展中产生的社会、经济失衡。改革开放以来，我国在经济高速增长的同时，经济社会发展严重失衡，并已成为影响社会稳定的重要因素。从现实的情况看，各种失衡问题需要从多方面治理，但关键在于实现政府转型。这是因为，诸多失衡问题的产生和扩大化，归根结底与政府制定的经济社会发展战略、不同时期的方针政策，与政府的管理方式、管理手段密不可分。相对于其他改革，政府职能转换严重滞后，同建立与社会主义市场经济相适应的政府管理体制目标还有较大差距。因此，要解决发展失衡问题，其关键是明确政府的职能定位，合理界定政府管理经济的范围，切实把政府工作重点转变到提供基本公共产品和有效的公共服务上来。

3. 建设公共服务型政府有助于提升政府的治理能力，更好地应对时代的挑战。当今时代是一个瞬息万变的时代，各种矛盾冲突层出不穷，政府从来都不是全能的，因此，必须与政府之外的社会力量合作，依靠公众的参与和支持来共同解决社会问题。公共服务型政府能全面广泛地与公民进行协作，能充分吸收广大人民群众的知识和力量，从而能极大地提升政府的治理能力，更能应对时代的挑战。

4. 建设公共服务型政府有助于加快当代民主政治的建设。发展社会主义民主政治，建设社会主义政治文明，是全面建设小康社会的重要目标。服务型政府首先是民主政府，即代表人民利益、为人民谋福利的政府；其次，公共服务型政府倡导民主参与。这既保障了公共利益得到最大限度的实现，也意味着公民参与政治生活程度和广度的拓展。因此，建设服务型政府是推进社会主义政治文明建设的必由之路。

5. 建设公共服务型政府有助于促进人的全面发展。人是社会的主体，是社会发展的动力，因而也是社会发展的目的。公共服务型政府倡导以广大人民群众为中心而不是以政府为中心来考虑问题，把关注的焦点对准广大人民群众的需求，并采取积极的措施加以满足。因此，这样的管理模式有助于促进人的全面发展。

第四节　服务型政府的新定位与主要特征

一、我国传统政府管理模式剖析

20 世纪的中国社会生活尽管发生了全面深刻的变革，但传统全能管制型政府管理模式却深深根植于中国现实的历史、社会、文化土壤之中。我们传统政府管理模式产生的原因有以下几个方面：一是历史上封建专制主义政治文化传统的历史浸染；二是革命战争时期严格的行政纪律命令体系的实践沿袭；三是苏联模式的示范移植；四是计划经济体制下政企不分的僵硬格局。

从世界范围内的行政发展状况来看，全能管制型政府管理模式——这种中央集权的权力结构，在中国及世界各国行政现代化过程中的确存在过比较优势，主要表现在：政府拥有广泛的权威实现自己的目标；有实现较大的社会变革、应付某些突发事件的可能性；中央有可能对任何决策在长期的成本——收益基础上进行评估而不是局限于短期的利益；发挥整体的比较优势，促进经济和社会发展的可能性；能够将稀缺资源集中于最主要和关键的发展领域；保证政令的统一和秩序、稳定的实现。

然而，任何行政系统都不能与其社会环境截然分开，它作为社会发展的产物，自然要受到社会生态环境的影响。行政生态学告诉我们，一定的行政系统只有与社会环境保持有机的动态关系，才能够发展、变革、适应。行政系统与社会环境之间的关系越密切，对社会环境的变化越敏感，越善于接受社会环境的需求，它就越能提高自己的效能和适应力。而传统封闭式的行政系统，由于割断了与社会环境的联系，往往处于一种不断衰落、不断丧失生命力的运动过程之中。我国的社会生活尽管发生了全面深刻的变革，但在其基础上却依旧是传统的全能管制型政府管理模式。此种模式的主要弊端在于:管理负担过重,难免有顾此失彼之虞;管理手段单一,以行政指令手段解决一切问题,其结果是目标与手段之间缺乏内在适应性,从而影响预定目标的实现;管理资源匮乏,社会的供给能力、政府的财政能力相对于庞大的政府组织已是不堪重负,除了经济资源,政府的合法性资源、权威资源也严重流失;管理效能低劣,政府调控乏力,指挥失灵,政策、法律、法规得不到有效执行,起不到调节关系、规范行为的作用,社会生活存在一定范围内和某种程度上的失范和无序;管理形象不善,加剧了社会对政府的认同危机。

随着中国社会进入了由传统向现代的全面转型时期,以行政权力占统治地位的全能管制型政府管理模式在遇到上述种种严峻的挑战的同时,在现实中则表现为一系列不适应与制度上的冲突:一是政府的权威管制行政倾向与市场经济中行为人自由选择要求之间的矛盾;二是政府全能行政倾向与发挥市场机制在资源配置中的基础性作用、明确并扩大社会自治范围之间的矛盾;三是政府的审批行政倾向与社会、企业、公民之市场导向、目标导向、需求导向之间的矛盾;四是政府的黑箱行政倾向与民主政治公开化、透明度要求之间的矛盾;五是行政绩效的政府自我评价与社会公众评价之间的矛盾;六是直接表现为计划与市场、集中与分散、微观管理与宏观管理、直接管理与间接管理、部门管理与行业管理、依法管理与人治管理等一系列制度上的冲突。这些矛盾目前虽然还不尖锐,但却是不可调和的。只要政府及其工作人员还依恋并固守全能管制型政府管理模式,本能地动用计划经济体制下习惯化的行政方式,就绝不可能发展出真正意义上的市场经济。因此要发展市场经济,促进社会健康协调发展,就必须彻底摒弃全能管制型政府管理模式,运用全新的行政理念,重塑政府行政管理模式。

二、服务型政府的新定位

服务型政府有其丰富的内涵。在当前环境下，我国服务型政府应根据国情重新定位，主要应包括以下几个方面的内容：

1. 从全能型政府转向服务型政府

提供公共服务是服务型政府的重要职责。政府职责的基本领域，是在维护国家机器正常运转的前提下，满足通过市场机制满足不了或满足不好的社会公共需要。提供公共服务是服务型政府的重要职责，包括为各种市场主体提供良好的发展环境与平等竞争的条件、为社会提供安全和公共产品、为劳动者提供就业机会和社会保障服务等方面。

全能型政府的职能模式是计划经济的产物，是我国经济体制改革的主要对象。在计划经济条件下，政府通过指令性计划和行政手段进行经济管理和社会管理，政府是全能型的。政府扮演了生产者、监督者、控制者的角色，为社会和民众提供公共服务的职能和角色被淡化。社会主义市场经济的完善，要求政府把微观主体的经济活动交给市场调节。政府由原来对微观主体的指令性管理转换到为市场主体服务上来，转换到为企业生产经营创造良好发展环境上来。这一重大转变是艰难的，但却是完善社会主义市场经济必须啃掉的“硬骨头”。

随着社会主义市场经济的发展，尤其是国有经济布局的战略性调整和国有资产管理体制改革，政府的公共管理职能和国有资产出资人职能得以分开，政府与国有企业在市场中的角色混淆现象得到改变；非公有制经济的发展迫使政府管理经济方式转变；现代产权制度的建立也将使政企不分、政社不分、政事不分的现象有了一定程度的改变。但政府对微观经济活动的不当干预与市场竞争秩序维护“缺位”并存，政府规模的膨胀加剧，影响了市场交易的顺利进行。

事实证明，把经济决策权归还给市场主体，同时提供各类市场主体自由竞争、公平交易的市场环境，让市场主体分散决策并独立承担经济后果和社会影响，而政府则专注于市场环境和市场秩序维护的有限理性思维，更有利于市场经济的发展。

2. 从审批型政府转向服务型政府

在市场经济条件下，政府有必要通过规制市场行为和规范市场秩序，维护市场竞争活动的公平、公正，降低市场经济活动的运行成本，增进市场效率。但政府规制不应成为维持政府部门利益的手段。政府设置过多过繁的审批或检查项目，有的甚至是乱收费、乱罚款，大大增加了微观主体的市场运行成本和制度成本，同深化市场改革的要求背道而驰。传统体制下的行政审批还通过设置所有制门槛，对非公有制经济进入领域进行限制。这与新的条件下国家大力发展非公有制经济的思路相左，与"非禁即入"的自由竞争理念也格格不入。因此，应当进一步大幅度削减行政审批，减少行政干预中的随意性，促进生产要素的流动，使各种生产要素在市场竞争中优胜劣汰，优化组合。

深化行政审批制度改革，是建设服务型政府的基础工作。行政审批制度改革的原则是：对不符合政企分开和政事分开原则、妨碍市场开放和公平竞争以及实际上难以发挥有效作用的行政审批坚决予以取消；可以用市场机制代替的行政审批，通过市场机制运作；对于确需保留的行政审批，要建立健全监督制约机制，做到审批程序严密、审批环节减少、审批效率明显提高，行政审批责任追究制得到严格执行。《行政许可法》的出台对转变政府职能，改变我国"审批"过多过滥、冗长复杂的现象将产生积极的影响，是我国行政体制改革的一个重要突破口。政府只有切实把行政审批的范围减下来，实现审批行为的规范化，才谈得上向服务型模式的转变。

3. 从高成本政府转向高效率政府

逐步降低政府行政成本，是建设服务型政府的前提。政府运作的高成本与政府服务的低效率是如影随形的。通过行政管理体制改革，合理划分中央和地方经济社会事务的管理责权，明确中央和地方对公共服务方面的管理责权，有利于降低管理成本，从而提高工作效率；社会中介服务组织也是促进政府职能转变、降低市场交易成本特别是信息成本的有效途径。积极发展独立公正、规范运作的专业化市场中介服务机构，按市场化原则规范和发展各类行业协会、商会等自律性组织，减少政府规制范围，也有利于减低行政成本。

在逐步降低政府成本的基础上，增强政府的回应性是提高政府服务效率的又一重要环节。政府的回应性是衡量政府服务质量的重要指标。公共管理人员和机构应当定期地、主动地向公民、企业征询意见、解释政策和回答问题，对公众提出的问题和要求及时作出处置和负责的反应。具有充分回应性的服务型政府模式，导致政府在权力结构中角色的变化：政府由原来的公共权力统治者，变为市场秩序的监管者和公共服务的提供者。

第五节　我国公共服务型政府建设取得的成果

我国政府从计划经济到市场经济，一直致力于服务型政府的建设，“为人民服务”是我党的宗旨。在进行社会主义建设与服务型政府建设过程中，我们主要取得了以下成绩：

1. 在建设公共服务型政府的推动下，经济实现了平稳快速的发展。2012 年国民经济运行情况显示，全年国内生产总值 519322 亿元，按可比价格计算，比上年增长 7.8%，按照年末汇率计算，GDP 约合 8.26 万亿美元，人均 GDP 为 6100 美元。

2. 在建设公共服务型政府的推动下，实现了经济、社会协调发展。在保持经济高速增长的同时，二氧化硫排放量、化学需氧量持续下降，节能减排成效显现；惠及全民的就业、医疗、教育、住房等民生保障体系初步形成；公共安全应急体系基本建立；全部取消了农业税；实现了城乡免费义务教育；建立了被征地农民养老保险制度；城镇居民基本医疗保险实现市区全覆盖，新型农村合作医疗参合率达到98%；率先建立了面向城市低收入家庭的住房保障制度。

3. 政府职能进一步转变，公共服务型政府建设步伐加快。政府机构改革不断深化，职能加快转变。按照建设法治、责任、服务型政府的要求，率先推出政府信息公开制度，建立了政府信息公开监督评议机制，提高了政府决策的透明度和科学化。经济签证类中介机构和行业协会改革发展的改革思路初步形成，正在积极引导扶持和加强管理，推动其向规模化和专业化方向发展。

4. 电子政务建设取得丰硕成果。政府网站是我国电子政务建设的重要组成部分，是政府提供网上公共服务的窗口，对各级行政机关实行政务公开，提供公共服务，创新管理方式，提高行政效能，都具有十分重要的意义。比如，青岛市电子政务建设将"一体化政府"作为提供"一站式服务"的核心，利用信息化手段整合行政资源，面对公众服务能够做到随需应变。

第六节 我国公共服务型政府建设存在的主要问题

尽管我国政府在服务型政府建设过程中取得了很大的成绩，但由于我国国情复杂，经济基础较薄弱等客观条件，同时由于建设时间较短，又没有可借鉴的经验与参考模式，因而存在以下几个方面的主要问题：

1. 政府职能虽然取得了初步的成就,但是我们也应该清醒地看到目前我国政府管理仍面临一些深层次的问题,主要表现在:公共服务职能比较薄弱;一些部门之间职责不清、协调不力,管理方式落后,办事效率不高;一些关系到群众利益的问题没有得到根本解决,政府部门的形式主义、官僚主义、弄虚作假和奢侈浪费的问题比较突出;政府工作人员依法行政观念不强,腐败现象在一些地方、部门和单位比较严重等。

2. 从社会层面上讲,政府面临着化解社会冲突的巨大压力。特别是随着改革的深入,社会利益群体日渐分化,不同社会组织之间的结构性矛盾和冲突日渐显现。有学者形容目前中国社会的基本特征是"利益关系失衡,社会结构紧张,不稳定的因素增加"。再加上改革发展规律的支配,越到后面,改革的难度越大,涉及的利益矛盾更加复杂。在这样的社会背景下,一旦代表社会公平正义的政府的公共政策出现失误,社会矛盾和社会冲突就会进一步激化,给政府公共治理形成巨大的压力,甚至直接影响到政府公共治理权力的合法性基础。

3. 从政府自身来看,由于政府实质性改革进展迟缓,政府转型落后于社会转型和体制转轨,政府的强势依然如故,"市场化"与"行政化"的内在冲突加剧,公共治理面临新的挑战。需要指出的是,在中国市场化改革和市场经济体制的建立过程中,政府扮演了重要角色,发挥了很大作用,目前的政府管理,无论从组织架构、管理方式、运行机制等,与计划体制下相比,都发生了历史性的变化。在充分肯定政府作用的同时,也应该看到目前政府自身存在的问题。如果政府依然强势不改,扮演经济建设型政府的角色(实际上有少数地方已经把"以经济建设为中心"变为"以 GDP 为中心"),忽视或者淡化政府的社会管理和公共服务职能,甚至继续把大量的公共财政资金投资于竞争性领域,继续强化政府的行政审批功能,其结果不仅会导致市场作用和行政权之间的扭曲,引发政府行为的紊乱，助长权力行使的非理性，而且还有可能引发民众对政府的不信任，使政府的公信力大大下降。

4. 政府信息化建设力度和政府信息公开程度还需进一步加强，决策信息和智力支持系统有待进一步建立和完善。

5. 政府绩效评估有待进一步改进。有必要对绩效评估的内容、方法与指标体系等方面进行研究，形成真正切实可行的评估体系。

6. 行政问责制有待进一步改进和完善。一是问责的模式局限于同体问责，这种问责仍然是上问下责，基本属于行政体制内的监督与追责范畴，人大问责、民众问责和新闻媒体问责等异体问责制度缺失；二是问责依据局限于层级较低规则，权威性明显不够的规范性文件在问责范围、认定标准与惩处尺度等方面不尽相同，有的甚至相互矛盾；三是问责性质局限于惩罚性消极责任，这种问责一般被视为上级政府及其官员对下级政府及其官员某个已知具体过失的惩罚，把政府与官员的责任局限于具体的事件或事故，局限于具体问题的具体错误，局限于纯粹的惩戒性措施。

第二章 我国公共服务型政府构建的战略定位

第一节 政府机构的演变及其规律

一、政府机构的演变

中国政府机构的建立起源于封建制时期，在封建制时期按照历史朝代的划分大致分为以下几个阶段：

第一阶段：战国时期，政府机构的萌芽阶段。当时韩非子提出建立封建专制主义中央集权的君主专制国家的主张。在秦国的商鞅变法中，规定废除分封，行县制，实行中央集权制度，初步确立了君主专制。

第二阶段：秦朝，政府机构的创立阶段。秦朝制度规定中央设三公九卿、地方行郡县、颁秦律；统一度量衡、货币和文字；焚书坑儒，加强思想控制；以法为教，以吏为师。把专制主义的决策方式和中央集权的政治制度有机地结合起来。皇位世袭，权力不可转移；皇权至上，地位不可僭越，是专制制度的重要特征。这在客观上适应了封建地主阶级在政治上、经济上的需要，顺应了历史发展的潮流。

第三阶段：西汉时期，政府机构的巩固阶段。西汉时期实行刺史制度；推行郡国并行制，导致王国势力膨胀。汉武帝颁布推恩令和附益之法，解除王国的威胁；思想上实行“大一统”（即采纳董仲舒建议，“罢黜百家，独尊儒术”），从而巩固了政治上的统一。

第四阶段：隋唐时期，政府机构的完善阶段。隋首创三省六部制（中央官制）和科举制（选官制度），唐朝继承并完备，使封建官僚机构形成完整严密的体系，削弱了相权，加强了皇权。其特点是分散了丞相和中央机构的权力。三省的长官都是丞相，把秦朝以来的丞相职权一分为三，互相牵制，又把最高行政机构尚书省的权力分给六部，防止专权。科举制把选拔人才和任命官吏的权力，从地方豪门士族手里集中到中央政府，大大加强了中央集权；选拔了一批优秀人才做官，其机构运转更加灵活。还调整和健全了府兵制（军制）。在这一时期用分权（相权）的办法来加强君权（三省六部制保证了君权的独尊，是中国政治制度的重大创造）。

第五阶段：北宋时期，政府机构的加强阶段。国家采取集中军权，设三衙统领禁军并与枢密院互相牵制；立更戍法；集中行政权，设参知政事（副相）、枢密使、三司使分割宰相的政、军、财权；派文官做知州，与州通判互相牵制；集中财权，在各路设转运使，管理地方财政；集中司法权，中央派文官担任地方司法人员。这一时期的管理方法削弱了地方权力和剥夺大将的兵权，财权、行政权和兵权收归中央，由皇帝直接控制。

第六阶段：元朝，政府机构的新发展阶段。在中央，健全了中央官制，设中书省、枢密院和御史台，分管行政、军事和监察事务；设宣政院，统领宗教事务和管辖西藏地区，还设澎湖巡检司（管辖澎湖和台湾）。在地方，实行行省制度，即中央设中书省，地方设行中书省（简称“省”）。行省制度是古代郡县制的新发展，初步奠定了明清乃至当代省区的规模，对巩固和发展统一多民族国家起了积极作用。

第七阶段：明清时期，政府机构进一步强化而达到顶峰阶段。明初调整中央官制，废除丞相制度，权分六部，六部各设尚书，直接对皇帝负责，皇权空前提高；调整地方官制，实行三司分权，互相牵制，大权统归中央；改大都督府为五军都督府，分离统兵权和调兵权；制定《大明律》，充分体现君主的专制意志；设厂卫特务机构（厂卫特务机构是明朝专制主义强化的极端表现）；采取八股取士。它分散了丞相权力和地方长官的权力，加强皇权，同时加强思想控制。前清沿用明制，雍正时增设军机处，使地方军政首脑直接听从皇帝指挥，标志着我国封建君主专制主义中央集权制度发展到顶峰。

二、新中国成立之后中国政府职能机构的发展

1. 建国初期中国政府机构的初创

从 1949 年中华人民共和国成立到 1956 年生产资料的社会主义改造完成，为新中国政府机构的初创期，中国现行政府机构的基本架构，可以说就是这个时候形成的。中央人民政府成立于 1949 年 10 月 1 日，以中国共产党在华北解放区建立的人民政权为基础，以服务于在全国范围内打倒和取代国民党政权为首要任务。1951 年 11 月，中共中央发出《关于全党必须紧缩编制、精简机构的指示》；12 月，政务院通过《关于调整机构紧缩编制的决定》。这次政府机构的改革主要针对政府机构的层次进行紧缩，合并职能类似的部门，又撤销一批重复设置的机构，削减机关内部层次，紧缩人员编制并抽调大批干部充实基层单位。

1949 年政府机构组织如图 2-1 所示。

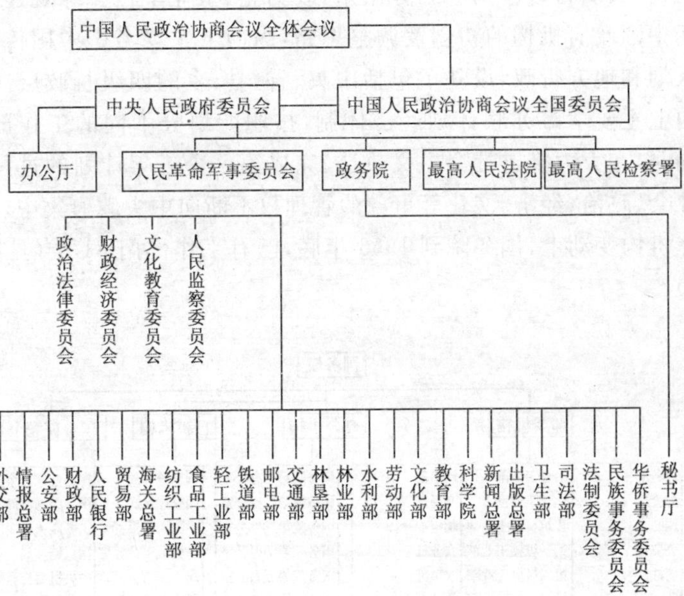

图 2-1　1949 年政府机构组织图

说明：政治法律委员会与内务部、公安部、司法部、法制委员会、民族事务委员会是指导关系；财政经济委员会与财政部、人民银行、贸易部、海关总署、重工业部、燃料工业部、纺织工业部、食品工业部、轻工业部、铁道部、邮电部、交通部、林业部、林垦部、水利部、劳动部是指导关系；文化教育委员会与文化部、教育部、科学院、新闻总署、出版总署、卫生部是指导关系。

随着第一届全国人大召开，首部宪法的产生，以最高国家行政机关即国务院的成立为标志，基本上建立起了新的国家机构和政府管理体制。因此，1954 年底开始较大规模地精简机构和调整人员，努力划清各个部门的业务范围，明确岗位职责和工作关系，合理设立机构和安排人员。这次调整，不仅精简了一些机构和许多人员，而且原则上在中央政府的行政机关内部实行三级制，省、自治区和直辖市行政设置实行两级制，同时整顿国家机关的附属机构，将其从行政序列中划分出来，改为企、事业单位。综观建国初期中国政府机构的初创及调整思路，纵向上主要考虑中国传统的区划和地方行政，设立了包括中央、省、县、乡的四级行政层次；横向上主要学习苏联计划经济体制，按职能划分不同的工作部门。同时，在大力推进社会主义改造、完成第一个五年计划的过程中，社会、政治、经济、文化等事务的管理权不断向中央政府集中，表现在机构变动上，国务院到1956年底，已有工作部门81个（见图2-2）。

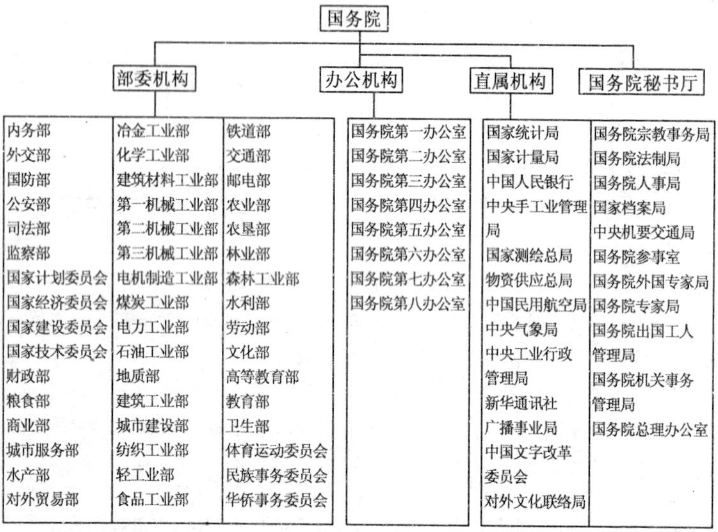

图2-2　1956年政府机构组织图

2. 十年探索时期政府机构的变动

在高度集中的计划经济管理体制条件下，各级地方政府及企业主动性和积极性难免受到影响。因此，自1956年到1965年的十年中，再次进行政府机构的调整，主要是针对中央政府和地方权力的划分。1956 年 5 月，国务院召开会议，讨论国家行政体制的改进，试图将一部分行业管理、企业经营的权限，下放到地方政府和工矿企业，以发挥地方及企业的主动性、积极性。而国务院的工作部门在 1959 年底也相应减少为 59 个(见图 2-3)。同时，随着“人民公社化”运动广泛开展，农村设置的乡级基层政权，被“政社合一”的“人民公社”所取代。这是中央政府首次大规模向地方放权。但是，由于国民经济发生严重困难，1960 年冬中共中央提出了“调整、巩固、充实、提高”的八字方针，并重新强调集中统一领导，将下放的权力适当收回。同时，开始精简中央机关和事业单位，国务院的各个部门撤销、合并了司局机构 89 个，达总数的 15%，合并事业机构 111 个，占总数的 26%。十年的改革探索，以中央政府“收权”而告结束。

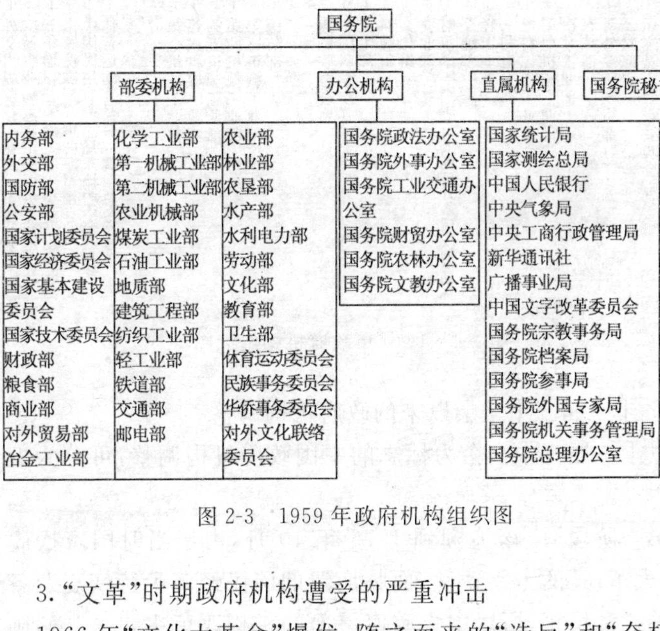

图 2-3　1959 年政府机构组织图

3.“文革”时期政府机构遭受的严重冲击

1966 年“文化大革命”爆发，随之而来的“造反”和“夺权”，导致政府及机构从中央到地方都受到冲击甚至破坏。在此期间开始实行党政合一体制，下设若干以功能区分的大组（如：办事组、宣传组、生产组等），各组下属再分若干小组，废除原来所有的机构名称和职位称谓，形成了“大组套小组、上下一般粗”的组织体系。到1970 年初，国务院机构由 79 个裁为 32 个，其中 13 个部门还是划归“中央文革”及军队领导（见图 2-4）。各级政府的机构，尤其是人员，都遭受了极其不正常的严重冲击甚至伤害。

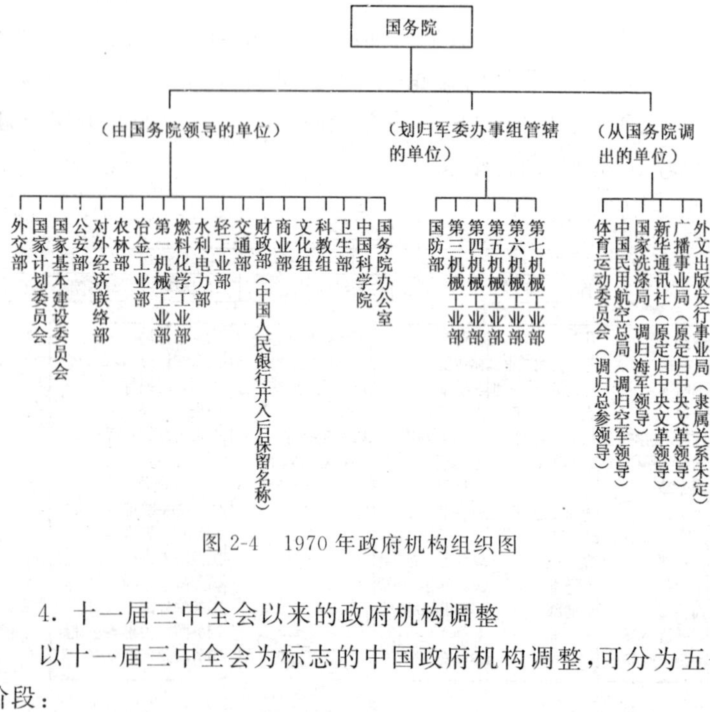

图 2-4　1970 年政府机构组织图

4. 十一届三中全会以来的政府机构调整

以十一届三中全会为标志的中国政府机构调整，可分为五个阶段：

第一阶段：应该追溯到 1976 年 10 月，由于当时国家摆脱了“文化大革命”的十年动乱，面临崩溃的国民经济亟待恢复及各个方面的拨乱反正，所以中央政府层面的机构改革主要是开始国家机构正常的行政运行及经济恢复工作。到1981年,陆续恢复和新增了48个部门,国务院共有部级行政机构100个,达到共和国历史上的最高峰。

第二阶段:1982年3月8日,五届全国人大常委会第二十二次会议通过了关于国务院机构改革问题的决议。这次改革明确规定了各级各部的职数、年龄和文化结构,减少了副职,提高了素质;在精简机构方面,国务院各部门从100个减为61个(见图2-5),人员编制从原来的5.1万人减为3万人。这次改革的重心在于工作效率的提高和人员结构的合理化。

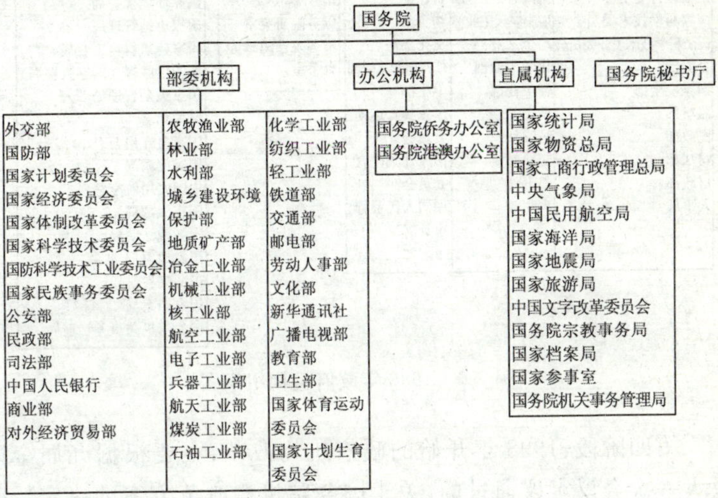

图2-5　1982年政府机构组织图

第三阶段:1988年国务院进行的机构改革,指导思想为"政府职能转变"。依据是1987年10月中共十三大的政治报告,报告提出要围绕转变企业经营机制这个中心环节,加快建立和培育社会主义市场体系,逐步建立起有计划的商品经济新体制的基本框架。这次政府机构改革,国务院部委由48个减少到41个,直属和办事机构从 22 个减到 18 个，非常设机构由 75 个减到 44 个（见图 2-6）。邓小平南方谈话之后的政府机构变动，可以看成是 1988 年改革的继续，因为重点仍然在于转变政府职能，并提出了以“政企分开”作为政府职能转变的中心内容。

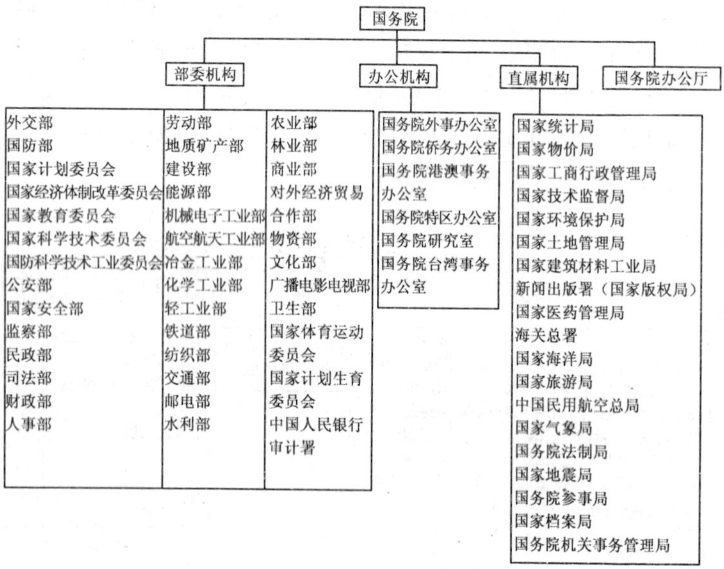

图 2-6　1988 年政府机构组织图

第四阶段：1998 年开始的政府机构改革，主要根据九届全国人大一次会议审议通过的《关于国务院机构改革方案的决定》，明确此次改革“推进社会主义市场经济发展是目的，尽快结束专业经济部门直接管理企业的体制是目标”。这次改革突出的成果是：撤销了所有计划经济体制下产生的“专业经济部门”（见图 2-7）。实际上说明原来国家进行资源配置的载体挤占了市场在这个方面的功能，或者说改革之后的政府不应该再拥有具体的经济管理职能。

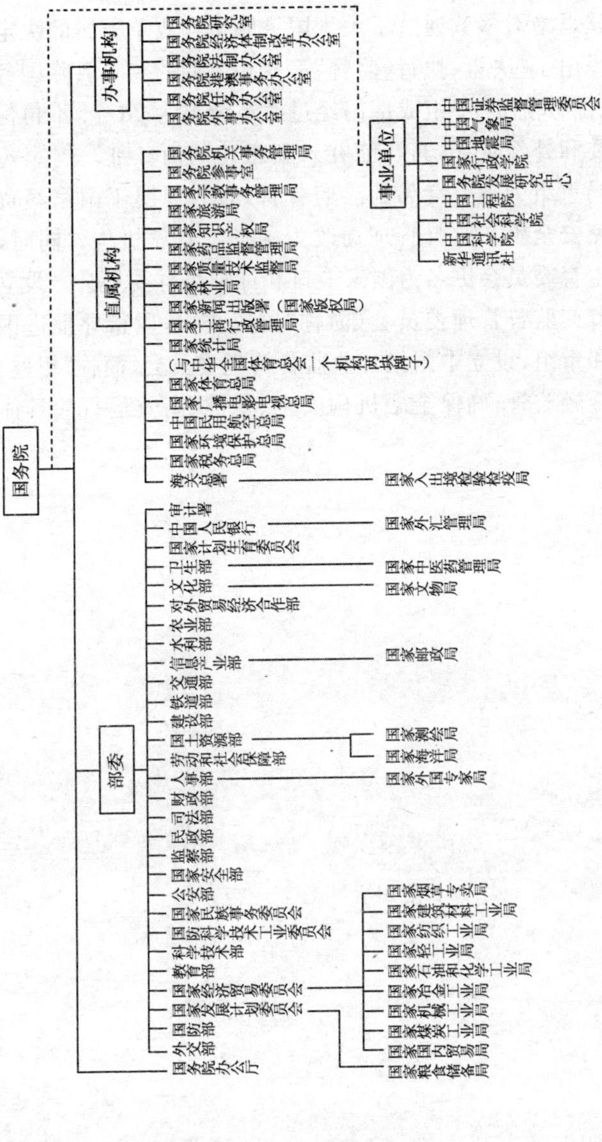

图 2-7 1998 年政府机构组织图

第五阶段:2003 年 3 月 10 日,十届全国人大一次会议第三次全体会议以绝对多数通过了关于国务院机构改革方案的决定。方案特别提出了"决策、执行、监督"三权相协调的要求。除国务院办公厅外,国务院 29 个组成部门经过改革调整为 28 个,不再保留国家经贸委和外经贸部,其职能并入新组建的商务部。国家药品监督管理局重组为国家食品药品监督管理局,原属于国家经贸委管理的国家安全生产监督管理局改为国务院直属机构。同时,将国家计划生育委员会更名为国家人口和计划生育委员会。设立国务院国有资产监督管理委员会(简称"国资委"),以指导推进国有企业改革和重组;设立中国银行业监督管理委员会(简称"银监会"),以加强金融监管,确保金融机构安全、稳健、高效运行。具体详见图 2-8。

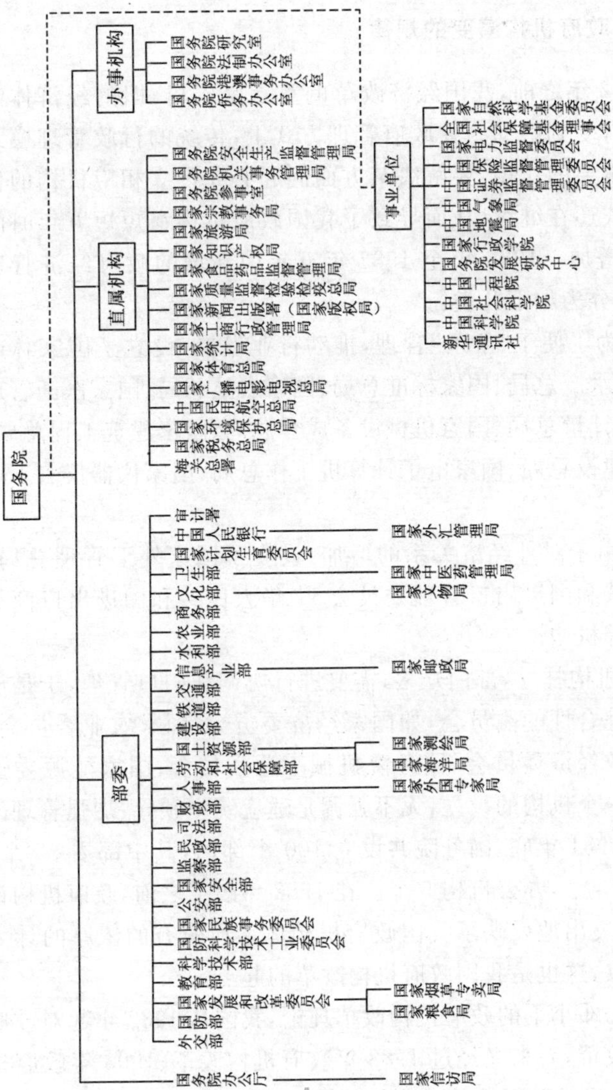

图 2-8　2003 年政府机构组织图

三、政府机构演变的规律

1982 年之前，我国经济改革的重点是农村，旧的经济体制总体上没有受到触动。在政府管理方式上，传统的行政管理模式继续起着重要的作用，要解决某方面问题必先设立相应机构的传统行为模式还在继续，从而导致了我国政府机构在短短五年时间内大幅度增加。1978 年至 1982 年五年中新增的政府经济管理机构，主要分为如下几类：

1. 为了便于“条条”管理，推动行业发展，设立了国家林业总局、国家水产总局、国家标准总局、国家农垦总局、国家医药管理总局、国家计量总局、国家机械设备成套总局、国家建筑工程总局、国家城市建设总局、国家电子计算机工作总局、国家仪器仪表工业总局等。

2. 由于对外经济关系的增加，设立了国家外汇管理总局、中华人民共和国进出口管理委员会、中华人民共和国进出口商品检验总局等机构。

3. 机构林立，部门众多，需要进行协调和归口管理，于是设立了一些综合性的委员会，如国家经济委员会、国家农业委员会、国务院财政经济委员会、国务院机械工业委员会、国家能源委员会等。每一个机构的设立，无不强调是适应统一领导、加强管理的需要。到 1981 年底，国务院共设立 100 个部门，其中部委 52 个，直属机构 43 个，办公机构 5 个。在 1982 年改革之前，政府机构设置的状况，突出地反映了我国政府机构体系所带有的浓厚的计划经济的特点，这也是我国政府机构改革的起点。

根据邓小平的政府机构改革理论，我国从 1982 年起对政府机构进行改革，后来又经过 1988 年政府机构改革、1993 年政府机构改革、1998 年政府机构改革（含 1999 年启动的省级机构改革与 2000 年启动的市县乡机构改革）、2003 年政府机构改革等五次大规模的政府机构改革，我国已经初步建立了适应社会主义市场经济体制的科学的政府机构体系。

我国五次大规模的政府机构改革取得了如下成果：

第一，撤销了适应计划经济体制的专业经济管理部门。我国五次大规模的政府机构改革，重点针对的是专业经济管理部门的改革，到目前为止，改革专业经济管理部门的目标基本完成。2001年2月19日，按国务院批准的《国家经贸委管理的国家局机构改革和国家经贸委内设机构调整方案》，由国家经贸委管理的10个国家局，除国家烟草专卖局外，其余9个全部撤销。

第二，政府部门的编制法治化进程有了明显进展。为规范国务院机构编制管理，1997年，国务院根据宪法和《国务院组织法》制定颁布了《国务院行政机构设置和编制管理条例》。各级政府部门普遍实行了三定方案，即“定职能、定机构、定编制”，政府机构职能交叉的状况有所改进，政企分开、政事分开有了明显进步。

第三，政府机构改革中，突出地强化了履行政府宏观管理、市场监管和公共服务职能的相关政府机构。如1998年开始的第四次机构改革，国务院将国家质量技术监督局与国家出入境检验检疫局合并，组建中华人民共和国国家质量监督检验检疫总局，并升格为正部级，内设有质量管理司、计量司、卫生检疫监管司、动植物检疫监管司、检验监管司、进出口食品安全局、锅炉压力容器安全监察局、产品质量监督司、执法监察司等负责市场监管的内设机构；又如，将国家工商行政管理局调整为中华人民共和国国家工商管理总局，升格为正部级，是国务院主管市场监督管理和有关行政执法工作的直属机构，内设有公平交易局、消费者权益保护局、市场规范管理司、企业注册局、外商投资企业注册局、广告监管司、个体私营经济监管司等负责市场监管的内设机构。

在2003年机构改革过程中，新设立国务院国有资产监督管理委员会、国家发展和改革委员会、商务部、中国银行业监督管理委员会,组建国家食品药品监督管理局,将国家安全生产监督管理局改为国务院直属机构。这次改革的重大历史进步在于抓住当时社会经济发展阶段的突出问题,进一步转变政府职能。在市场经济不完善的情况下,广泛的行政监督无法淡出,公共服务部门的改革刚刚开始,立法和司法部门发展不充分,无法替代国务院对行政部门比较独立的直属局进行有效的立法和司法监督。

进入新世纪后的机构改革,已经逐渐摆脱“为精简而精简”的老模式,新的改革方向更多转向了转变政府职能。此时,改革的核心问题不是政府机构的调整,而是政府职能的界定。改革三十年后,现代社会对政府的要求不再是经济层面的“管家”,而是公共事业公共服务领域里的“保姆”,政府更应该在市场容易失灵的领域里施展拳脚。

第二节　公共服务型政府的内涵

20 世纪七八十年代,西方各国经济陷入“滞胀”局面,使得各国政府面临着这样的发展困境:一方面,由于坚持凯恩斯的“全面干预”理论,各国政府都不同程度地陷入公共财政赤字的巨大压力;另一方面,民权运动兴起,要求政府提供更多和更高效的公共服务。而庞大的传统官僚行政体制在这种形势下越显其刻板、教条、脱离民众和低效率,政府改革迫在眉睫。

在这种困境下,新公共管理理论的产生为政府改革注入了新鲜血液。新公共管理的核心理念是政府有限理性和政府官员的“经济人”假设,政府相似于市场经济条件下的企业组织,政府与民众的关系是公共服务的生产者与消费者的关系。因此,其核心内容是力图将私营部门和工商企业的方法用于公共部门,强调市场竞争、政府工作的绩效评估、行政过程的透明取向、成本效率和顾客导向等。一时间,“企业化政府”“市场为本”“政府瘦身”“重塑政府”成了政府官员使用率极高的流行词语。新公共管理理论就是服务型政府理论的前身。

然而新公共管理的思想并没有涵盖当今政府在实践中所应该涵盖的基本理念,而且新公共管理过分强调市场机制的作用,过分强调政府向企业学习、用企业提供商品的方式提供公共服务,往往会在实践中因公共部门与私营部门存在差别而产生伦理上和责任上的问题。另外,在市场化过程中也出现了一些不尽如人意的腐败现象。这一切,导致公平与公正问题的凸显。

在对新公共管理进行批判和反思的基础上,一些学者提出了新公共服务的新理论。新公共服务理论是对新公共管理理论的补充和完善。其核心理念是公民主权和政府责任。政府的主要职责是坚持以人为本,以公共利益为主要目标,提供公民切实需要的公共服务;建立对话协商机制,公务员要帮助公民表达他们的利益要求;政府要承担法律、社会价值等全方位的责任而不只是市场的责任。

新公共服务理论的核心理念符合 21 世纪的人本发展观,建设以公共服务理论为理论基础的公共服务型政府已逐渐被列入我国政府改革的议事日程。

2005 年 2 月 21 日,国务院前总理温家宝在中央党校省部级主要领导干部“树立和落实科学发展观”专题研究班结业式上讲话,鲜明地提出“努力建设服务型政府”的要求,指出公共服务“就是提供公共产品和服务,包括加强城乡公共设施建设,发展社会就业、社会保障服务和教育、科技、文化、卫生、体育等公共事业,发布公共信息等,为社会公众生活和参与社会经济、政治、文化活动提供保障和创造条件”。这是在十六届三中全会《中共中央关于完善社会主义市场经济体制若干问题的决定》指出转变政府经济管理职能,“切实把政府经济管理职能转到主要为市场主体服务和创造良好发展环境上来”的要求之后，对政府公共服务范围的新概括，是对建设服务型政府内涵的新界定。

2012年11月8日，中共中央总书记胡锦涛代表十七届中央委员会向中共第十八次代表大会作了题为《坚定不移沿着中国特色社会主义道路前进　为全面建成小康社会而奋斗》的报告，报告中指出要深化行政体制改革，行政体制改革是推动上层建筑适应经济基础的必然要求。要按照建立中国特色社会主义行政体制目标，深入推进政企分开、政资分开、政事分开、政社分开，建设职能科学、结构优化、廉洁高效、人民满意的服务型政府。

关于公共服务型政府的内涵，学者们从不同的角度进行了阐述。迟福林认为，公共服务型政府的基本内涵即为全社会提供基本而有保障的公共产品和有效的公共服务，以不断满足广大社会成员日益增长的公共需求和公共利益诉求，在此基础上形成政府治理的制度安排。李军鹏认为，公共服务型政府就是满足社会需求，提供充分优质的公共产品与公共服务的现代政府。

以尹戈为代表的学者们认为，那些在工作中改进服务方法、改善服务态度、增加服务项目、设立“行政审批服务中心”或“阳光大厅”、提供“一站式服务”与“一条龙服务”的政府，就是服务型政府。刘熙瑞在《服务型政府——经济全球化背景下中国政府改革的目标选择》一文中认为“纵观人类的政治文明史，其基本线索就是从管制型政府到服务型政府发展的历史”；管制型政府与服务型政府的核心差别在于究竟是“官本位、政府本位、权力本位”，还是“民本位、社会本位、权利本位”；服务型政府是在“公民本位、社会本位”理念指导下，在社会民主秩序的框架下，通过法定程序、按照公民意志组建起来的以为公民服务为宗旨并承担着服务责任的政府。刘熙瑞的这一界定也是目前服务型政府研究中引用率最高、认可度最大的一种界定。俞友康、韦留先在《建设服务型政府理论与实践的思考》一文中认为“经济基础与上层建筑的关系是建立服务型政府的理论基石”。刘俊生在《论服务型政府的理论基础》一文中则认为“传统的政治学理论、行政学理论与管理学理论已难满足服务型政府的要求,而民主行政理论、治理理论、后现代理论则和谐一致地为服务型政府奠定了理论基础”。沈荣华认为,从观念上讲,服务行政应以社会公众的需求为出发点,确立亲民意识,以社会公众的意志为根本向度。确立责任意识,以责任意识为主要先导,彻底改变过去那种只对上级负责、不对社会公众负责的局面;从功能上讲,服务行政就是要转变政府的角色,使政府成为公共服务的供给者,服务行政就是要以出于公心、服从民意、设身处地为人民着想、努力提高服务质量为己任,以社会公众的满意程度为最高标准,而不应该过分强调“特殊集团”的意志,不应该以政府自身的规则为导向;从本质上讲,服务行政应以人民为主体,使政府充分发挥社会公共事务的服务性功能,而不能过分强调维护政治统治的工具,更不能再是高高在上的官僚机构和脱离社会的“异己力量”。彭向刚认为,服务型政府是把服务作为管理的出发点和归宿,管理是为了更好地服务,服务也是体现管理的一种方式,在许多情况下管理就是服务。朱光磊、孙涛则认为,现代政府的管理本身就意味着一种服务,“管理”之中有“服务”,“服务”之中有“管理”,而且政府对某些人提供的“服务”可能同时变成对其他人的“管理”。他们主张在转型期应遵循“规范、统一、效能、服务、透明”原则,树立“以公共服务为导向,以规制治理为手段”的理念,提升政府能力及其有效性,全面建设具有时代特征和民族特色的“规制—服务型”地方政府。

以上观点都不同程度地揭示了服务型政府的本质。服务型政府,首先,它注重以人为本的行政理念。在社会主义国家,人民是国家的主人,政府的权力来自人民的授予。坚持从人民需要出发,以维护人民利益为根本,以全心全意为人民服务为宗旨,做到“权为民所用,情为民所系,利为民所谋”。其次,将公共服务作为服务型政府的核心职能。所谓服务型政府，就是以表达和体现公众意志为根本，具备现代服务理论和能力，以解决公共问题、满足公共需求为目标，提供优质公共产品和公共服务的政府管理模式。

第三节　公共服务型政府的特征

公共服务型政府有六个基本的特征：

1. 政府的作用集中于公共领域。政府的职能主要是提供公共产品与公共服务，政府财政资源主要向公共产品和公共服务领域投入。

2. 政府管理的基本哲学是实现社会正义，政府的主要职责是实现和保障社会公正。这就要求政府统筹经济发展与社会发展、统筹城乡发展、统筹社会各阶层的利益，建立一个公平与公正的社会，因而，促进就业、实现城乡平衡与各阶层均衡发展就是政府的基本任务。

3. 政府是公共利益的鲜明代表，政府应当是为市场主体和全社会服务的公共管理者和公共服务者，体现和代表着最广大人民群众的根本利益，因而，政府不应该扮演直接从事商业与企业活动的“经济人”角色，政府部门不能成为垄断经济资源与经济权力的部门利益集团。

4. 政府权力是有限权力。政府只是社会治理主题中的一个管理主体，一个平等的、协商性的主体，社会治理主体还包括非政府组织、企业等，这些公共管理主体一起构成了社会权力网络。因而，政府、非政府组织、企业共同参与社会治理与公共产品的提供。

5. 现代政府是法治政府。政府具有提供公共产品与公共服务的法定义务，必须通过合法的行政程序积极履行公共服务职能，接受来自权力机关、非政府组织和人民群众的监督。“有权必有责，用权受监督，侵权要赔偿”，这是国务院前总理温家宝在政府工作报告中承诺法治政府执政的新理念。

6. 政府是透明和廉洁的政府。所谓透明，就是实行政务公开，接受社会监督，建设“阳光政府”。廉洁，即清廉、清白；不损公肥私、不贪污。廉洁从政，要求政府及其工作人员加强廉政建设，杜绝腐败现象，做到用权为公、执政为民，决不能以权谋私、化公为私。

第四节　公共服务型政府的价值取向

公共服务型政府是在扬弃官僚制行政的基础上兴起的新型治理模式，它实现了从以政府为中心的管理向以公民为中心的服务的转变，实现了由政府本位、权力本位体制向公民（社会）本位体制的转变。这种转变在深层次上涉及政府与市场、政府与社会（包括公民）之间关系的调整，这是政府形态的一场革命性变化，体现着政府性质、功能、结构、体制、机制、行为方式的全面转型。这种政府模式，是以有效促进公共利益最大化为宗旨，以公民为本位或中心，以管理就是服务为理念，以人文关怀、民主、公平、法治、责任等价值为运行基础，以多元参与、合作共治为服务形式，以为社会提供优质、高效、便捷的公共服务为标准的一种政府形态。

公共服务型政府是以公民为中心、为公民服务的政府。政府是公民联合组建并授权管理的权威性公共机构，其存在根本目的就是为公民服务，满足公民的需要，也就是保护公民的权利和自由并满足公民的多样化的、个性化的需求。如果政府不为公民服务，那么公民就有权重新组建新政府。因此，公共服务型政府必须把公民置于首要的和中心的位置，及时了解民意、反映民意、回应民意。要不要服务、要什么样的服务、要多少服务、要什么样的服务方式以及服务结果的评判，不是由政府自己来决定，而是由公民来决定。正如新公共服务理论的主要倡导者登哈特夫妇所强调的："公务员越来越重要的作用就在于帮助公民表达和实现他们的共同利益，而非试图在新的方向上控制或驾驭社会。"在这里，公民是政府行政环绕运行的中心，公民的意愿与要求是政府行政的出发点和归属点，而便利服务对象——公民成了政府行政的最高行动准则。因而以公民为中心、为公民服务也就成了公共服务型政府的主要价值取向。

公共服务型政府是"以公谋公"的政府。以公谋公，主要是指政府行使的公共权力，本质上用于追求公共利益，解决公共问题，提供公共服务。具体体现在三个方面：一是政府权力必须以追求公共利益为宗旨，不得"公权私用"。政府行使的权力是公共权力，是由人民所赋予的，因此它必须致力于服务社会公众和维护、增进、实现社会公共利益，而不是谋求某一阶级阶层、集团或群体的特殊利益，更不是谋求政府自身的利益。二是政府权力只能作用于公共领域，不得越界。根据个人生活自主、市场解决优先的原则，政府的活动范围主要限于解决社会和市场无力解决或不愿解决的社会公共问题，提供社会和市场所需要的公共服务。凡是没有消极外部性的公民自主领域、一般生产性或竞争性的市场领域，政府原则上不得随意介入，以捍卫公民权利和市场自由。即使政府出于追求更大范围公共利益考虑而采取的政策和措施，也主要是为公民权利的实现、市场自由竞争营造有利的激励环境。三是政府的管理和服务是公平和公正的，即无特权的、无歧视的和无偏私的。政府必须平等地对待所有的公民，承认每一个公民都享有平等的权利，不因财产、身份、性别、种族等的不同而有所差别；政府对社会生活的介入必须保证所有竞争者起点的平等或者说机会的平等，并在此前提下，通过收入再分配来实现分配的正义；政府在施政的过程中必须做到规则普遍适用上的平等，法律面前人人平等。

公共服务型政府是民主参与的、合作共治的政府。“在这样的一个时代里，如果没有公众的积极参与，政府很难使其行动合法化”，因此，“一个民主国家不只应立基于民主原则，而且更需要有民主管理的模式，并且在行政体制中体现民主的价值”。政府通过有效的制度安排，实现公民参与到政府公共决策和公共管理过程中去，通过对公共决策施加影响，对公共管理过程进行监督，与公共部门展开合作，从而提高公共部门的绩效，满足公民对公共服务的需求。首先，建立多中心治理体制。政府虽然还是专门的公共管理主体，但不是唯一的主体，在政府之外，还有一些自治性的或半自治性的机构来充当公共管理的主体。原先由政府承担的公共管理职能中的很大部分可以由这些自治和半自治性的社会组织来承担。其次，建立分权体制，授予公共部门的广大员工更多地参与决策的权力，以激发员工工作的积极性和创造性，增强政府的灵活性。再次，通过公民投票、民主式对话、协同式对话等形式实现民主治理和参与。

公共服务型政府是法治政府。人们订立契约组建政府和置身于政府之下的重大而主要的目的就是保护他们的权利与自由。政府及其权力仅仅是为保护人民的权利和自由而存在的，因而以公民权利为本位是政府的基本价值取向。而要保证政府确实履行保障公民权利与自由的职责，就必须以法律来约束政府。行政权力的设定、行使的方式和程序都必须有法律依据，符合法的精神。只有政府的一切行为都有法律加以规范，才能保证政府权力的存在可以有效地服务于权利，才能使权利本位的基本价值得到实现。因此，法律至上，依法服务，规范服务是法治政府的基本原则。政府既要依法保护公民权利与市场秩序，依法提供公共服务，又要恪守法律的规范，避免对公民权利与市场秩序的不当干预。

公共服务型政府是责任政府。“政府组织由公众创立，为公众服务，就需要对公众负责。”因此，政府需要建立一套责任机制，这样才能在社会广泛的支持下进行运作。政府只有真正履行其责任时才是合法的。政府行使的每一份权力的背后都连带着一份责任，正如法约尔(Henri Fayol)所说："责任是权力的孪生物，是权力的当然结果和必要补充。凡权力行使的地方，就有责任。"政府不履行其职责，或怠于履行职责，或违法行使权力，都必须承担相应的责任。这种责任包括道德责任、政治责任、行政责任、法律责任等。责任行政和责任政府既是现代民主政治的一种基本理念，又是一种对政府公共行政进行民主控制的制度安排。作为民主政治的一种基本价值理念，它要求政府必须回应社会和民众的基本要求并积极采取行动加以满足；政府必须积极地履行其社会义务和职责；必须承担道义上的、政治上的、法律上的责任；政府必须接受来自内部的和外部的控制以保证责任的实现。作为一种制度安排，责任政府意味着保证政府责任实现的责任控制机制，这种控制机制既包括内部的，也包括外部的。内部的政府责任机制或形式至少包括职业主义的作用、代表性的重要性及其伦理道德的考虑。外部责任机制在现代政府体系中，至少包括组织的或监督的义务，行政控制、立法监督以及司法争议的解决。

公共服务型政府是高效能的政府。政府提供公共服务必须遵循高效率、低成本的原则，这就要求必须改进政府公共服务的供给方式，使政府以最低的成本、最快的速度提供最优质的服务。它通过引入竞争，以"企业化"的模式来运作政府，把部分公共服务推向市场或社会，并在政府内部引入竞争机制，在公共物品的分配过程中，形成公共部门内部、公共部门与私营部门以及私营部门之间的多元竞争格局，从而高效率地提供公共服务。同时利用现代信息技术来改造政府，将政府内部和外部的管理和服务职能通过整合、重组、优化后到网络上完成，打破时间、空间以及部门分隔的制约，使公民在任何时间、任何地点都能享受到政府无缝隙的高效优质的服务。

第五节　公共服务型政府建设的原则

建设公共服务型政府的原则主要有以下几个：

1. 坚持以人为本的公众服务导向

据UNDP报道，自1990年以来至今，"以人为本"就是一个主题思想，而且21世纪新的发展观就是"以人为本"的发展观。我国自古以来就有"以民为本"的优秀文化传统。新一届政府也不断强调"民本"的重要性，将"三农问题"提到政府要解决的重要问题上来。坚持"以人为本"，就要坚持以公众服务为导向而不是以顾客服务为导向。顾客服务导向遭到抨击是因为他忽略了公共部门与私营部门的差异，忽略了公众与顾客的差异，没有兼顾到社会公平。公众服务导向的内涵就是政府提供什么、如何提供要事先听取公众的意见，将公众意愿作为第一价值取向；政府提供公共服务的效果如何应当以社会公众的评价为主。

2. 坚持政府有限职能论

一个好的政府，不是事事包办的政府。因为政府毕竟只是由有限理性人组成的公共组织，只能集中精力干有限的事情。根据新公共管理的观点，政府的有限基本职能是提供经济基础、提供各种商品和服务、协调与解决团体冲突、维护竞争、保护自然资源、为个人提供获得商品和服务的最低条件、保持经济稳定等。我国政府改革应该坚持的一个基本取向就是缩小政府职能，将本该由市场可以完成的功能让位于市场。

3. 坚持建设法治政府和透明政府

建设公共服务型政府要求政府在提供公共服务过程中必须坚持法制政府和透明政府的价值取向。法制政府是指政府必须做到有法可依、有法必依、执法必严、违法必究。只有坚持法治，政府的行为才有合理性与合法性，才能做到公平公正，才能得到公众的理解和支持。透明政府是指实行政务公开，避免暗箱操作，使公众便于监督政府行政，从而减少腐败。

4. 服务效率与服务效益并重

由于政府财力有限，所用支出来源皆是纳税人辛辛苦苦挣的钱，这必然要求政府在提供公共服务时考虑效率问题，不能像以前计划经济体制那样没有效率观念。但是，又由于公共部门的特殊利益代表性，其在提供服务过程中，除了关注效率外，还更应该关注服务提供的社会效益。

5. 政府与其他社会主体应是协同合作关系

政府应树立平等观念。政府也是社会中的一个组织，应该注重与其他社会主体的协同合作。政府不应该是一副高高在上的统治者的模样，也不应该是新公共管理所说的掌舵者的架势，应该是各主体间的一种催化剂和黏合剂，起促进各主体间协同合作的作用。

6. 强调绩效管理评估，全面完善政府责任机制

绩效评估指由其他主体用可衡量的绩效指标对政府行为结果是否与其目标任务相配套进行评估。实践证明，绩效评估能促进政府服务能力的提高。全面政府责任机制是指政府的责任并不是单一的。政府不能只关注市场，而忽略法律、社会价值观、政治行为准则、职业标准和公民利益等，应当建立一套各因素相互关联的政府行为问责机制。

7. 实施战略管理

没有战略的组织，就像没有方向舵的航船，只能在原地打转；又像四处漂泊的流浪者，没有目的地。战略管理(Joel Ross and Michael Kami)的核心是远景规划和全局观念。公共服务型政府实施战略管理是指政府在提供公共服务时要从长远的、全局的利益来考虑，坚持公正公平，坚持以人为本的可持续发展观。

根据上述目标，我们认为公共服务型政府治理市场化、企业化应当符合六个原则：一是以公众需求为导向，建构“导航型”政府，提高政府服务意识，减少官僚制作风，对现有机构进行结构性调整，简化政府工作程序，使之更加适应民众的需要，更好地满足公众的需求；二是培育和鼓励民间资本参与公共服务的提供过程，提高市场竞争者的素质和数量，鼓励公共服务提供者之间的竞争；三是以目标和任务的完成情况而非行政法规、命令的执行力度为衡量政府部门工作效率的标准，促进政府部门服务手段和形式的创新；四是行政监督体系能够客观、公正、有效地监督和制约政府工作人员的机会主义行为，同时以相当的透明度满足公众的知情权；五是鼓励政府行政权力的分散，并鼓励民众参与政府管理，同时授予公民参与政府行为的监督权力，完善政府职能监督体系；六是广泛应用现代网络和科学技术，节约政府提供服务的成本，提高政府履行职能的效率。

上述原则解决的只是公共服务型政府建设过程中的导向问题，原则是“死”的，有些原则只是其他国家或者省市的经验，还没有经过本地区实践的检验，如果一味地遵循原则就会使人的思想僵化，具体问题还要结合各地区的情况具体分析，切不可将其教条化。因此，还需要遵守的原则有：

1. 坚持“以人为本”的原则

确立全面、协调、可持续的科学发展观，要求各级政府必须要全面履行职能，科学把握社会管理和公共服务的本质和核心。“以人为本”是以实现人的全面发展为目标，从人民群众的根本利益出发谋发展、促发展，不断满足人民群众日益增长的物质文化需要，切实保障人民群众的经济、政治和文化权益，让改革发展的成果惠及全体人民。

2. 坚持社会目标优先原则

在经济转轨、社会转型时期，各种社会利益关系和社会结构发生改变，这就要求各级政府切实转变自身职能，大力推进政府社会管理创新，提高公共服务水平。在继续搞好经济调节、市场监管的同时，更加注重履行社会管理和公共服务职能；更加重视就业、教育、文化、体育、公共卫生、社会保障和社会救助等方面的工作；更加重视政府应对公共危机的能力建设，建立健全与社会主义市场经济体制相适应的、具有中国特色的公共服务体系。

3. 坚持循序渐进原则

建设公共服务型政府是一个复杂的系统性工程，需要各级政府处理好当前和长远、局部与全局、重点与一般之间的关系，要从中国的现实国情出发，根据目前我国经济和社会发展的真实水平，摸索出一条符合自身实际的社会管理和公共服务模式，既不能急于求成，又不能超越现实。

第六节　公共服务型政府的目标模式

传统政府治理理论认为，Wilson(1887)和 Webber(1905)等人提出的科层制行政管理理论以及 Herbert Simon(1960)和 Robert Dahl(1989)等人提出的“民主制行政理论”是行政管理理论的两个基本理论和分析模式，然而这种简单的政府治理理论无法面对日益复杂的社会经济问题。尤其是 20 世纪 80 年代以来，西方各国政府面临的各种困境使得科层制和民主制政府的效率均受到各种质疑和挑战，政府治理范式也在不断变迁，其中 David Osborne 和 Ted Gaebler(1992)提出的“企业化政府治理范式”成为新公共管理运动的核心。他们认为，政府治理与企业管理在某种程度上具有相似性，可以借鉴企业管理理论和经验进行政府治理，并提出社区主义、公民参与、竞争型政府等理念。

我国台湾学者陈德升(1993)对服务型政府理论和实践均作了

深入的研究。他认为,现代政府应当具有以下特征:有核心竞争力、民主和负责、法治和有效、为全社会提供公共产品和服务、实现合理分权。而陈德升教授在其对政府职能分析的基础上提出的政府治理的四项原则,包括顾客至上、民众优先、删除法规、简化程序等,其观点也属于上述政府治理企业化的模式范畴。

随着信息技术的发展,西方一些政府管理理论学者还提出了电子政府范式,认为政府应当利用信息技术带来的便利和高效率,更好地服务于社会。我国学者杜丽梅论述了信息社会对政府行政效率提高的客观要求,提出了信息社会政府治理理念及政府治理模式的变迁路径,并提出了新环境下政府治理理论的新范式。

我们认为,当前服务型政府的建设应当有选择性地借鉴企业治理的经验,研究企业发展战略和治理模式,结合地区的实际情况,发展具有资源和文化适应性的政府治理模式。

1. 国退民进——市场化

国退民进,即逐步破除政府行政垄断,将市场机制和市场力量引入公共服务领域,形成公共服务供给主体多元(多元主体包括国企、私企、外企和民间组织)、供给方式多样的竞争局面。借鉴西方各国市场化的成功经验,其运作方式可以有以下几种:招投标、合同承包、特许经营和项目融资等。这些方式的运用,需要配套的管理制度,否则效果适得其反,这些管理制度包括工程项目法人责任制、工程监理制、合同管理制、稽查制等。

2. 政社协作——社会化

在基本理念取向中我们谈到政府与其他社会主体之间是协同合作关系,那么政府就应当充分发挥其他社会主体,如事业单位、中介组织、社团组织、社区组织等的积极作用,将不必要的服务供给职能交由这些社会组织去办理,即所谓的社会化。这些组织有比政府更了解社会、更了解民众利益需求、更易于与民众协商的优势。当然,政府也可以作为参与者与这些组织一道提供公共服务,这样可以起到引导和监督的作用。

3. 突出重点——强化公共服务职能

在市场化和社会化的基础上，政府应该集中精力，强化自己的公共服务供给职能。在项目选择上，退出生产性项目和市场性项目，增加公共服务型项目；在制度建立上，加强政府与公民对话协商制度、窗口服务制度、社会评议制度等多项相关制度的建设；在权力分配上，给予地方政府更多的管理权限，促成地方政府之间的竞争，从而调动地方政府提供公共服务的积极性。

第三章
公共服务型政府绩效评价指标体系

第一节 评价指标的选取依据

在科学的政府绩效评价指标体系的建立过程中,选取指标是关键。而指标的选取应遵循以下几个基本原则:

第一,根据政府部门的职能选取指标。中共中央十六大提出的“经济调节、市场监管、社会管理和公共服务”对政府职能作了全面、科学的描述。党的十七大报告又明确提出“加快行政管理体制改革,建设服务型政府”的目标,强调“行政管理体制改革是深化改革的重要环节”,要求“抓紧制定行政管理体制改革总体方案,着力转变职能、理顺关系、优化结构、提高效能,形成权责一致、分工合理、决策科学、执行流畅、监督有力的行政管理体制”。因此,在设计指标体系时,要紧扣政府职能,并且应该能体现改革的方向,使指标体系有利于积极推动公共服务型政府的建设。

第二,根据政府不同政务活动的特点选取指标。对提供公共服务的一般性政务活动绩效的评价,应以是否照章及时、准确办事为标准,比如对民政部门的低保补助工作的评价就是以能否及时、足额、按标准发放为标准来评价;对行政活动结果与工作人员努力程度密切相关的政务活动的评价应以有弹性的量值为标准来进行,比如公安部门的破案率,年破案率有高有低,高度可直接反映公安队伍的工作努力程度和水平高低；对综合社会效益较强的政务活动的评价应以预期效果和实际效果的对比为标准，比如对公共项目的评价就可以项目完成后的效果与定项预期效果进行对比来衡量项目绩效。

第三，根据政府绩效评估的主要制约因素和存在的问题选取指标。确定反映政府绩效的综合社会效益指标应主要考虑三方面因素：一是政府活动的阶段性社会矛盾调解功效；二是政府活动的长远效应；三是政府部门行政活动的互补性效应。确定工作绩效类指标时应主要考虑四类因素：一是部门职能特征；二是部门职能范围；三是部门一般行政活动和所实施项目的技术决定因素；四是部门工作流程的设定。

第二节　评价指标的选取原则

评价指标筛选过程中遵循的一般性原则有：

1. 系统性原则

绩效评价的指标体系要能够全面、系统地反映评价的价值取向——增长、公平、民主和稳定。尽管在不同环境之下对这四个取向的着重点不同，但在设计相关的指标时，必须要全面地考虑这四个方面，而不能遗漏某个或某些价值取向，也不应当遗漏能够反映评价价值取向的任何重要指标。系统性原则还要求各个具体指标在其含义、口径范围、计算方法、计算时间和空间范围等方面要相互衔接和相互协调。需要指出的是，系统性原则并不意味着对所有的指标一视同仁，而应当根据有关价值取向的要求以及不同取向之间的权衡关系，在指标的具体选取和权重的赋予上有所侧重，力求做到既全面又突出重点，以便更好地衡量政府公共受托责任的履行情况。

2. 定量指标与定性指标相结合的原则

一个有效的绩效评价体系，应当实现定量指标和定性指标的有机结合。纯粹的定性评价，会使评价完全依赖于评价者的主观判断，这无法保证评价结果的公正性和客观性，也会使评价对象产生很强的排斥心理；而一味强调定量指标，也不能保证评价的科学和客观，因为政府部门所提供的公共产品和公共服务所具有的特征（如产品的无形性、价格的缺失等），很难单纯地通过定量指标来衡量政府履职过程中体现的绩效水平，如公众对社会治安的满意度等。因此，在设计绩效评价指标体系时，应坚持定量指标与定性指标相结合的原则，以保证评价结构的客观和全面。此外，在定量指标的设计上，还要视情况分别采用绝对指标与相对指标，或者综合采用两者。

3. 可测性原则

指标体系的可测性主要包括评价指标本身的可测性和指标在评价过程中的现实可行性两方面。绩效评价指标本身具有可测性是指评价指标可用操作化的语言定义，所规定的内容可以运用现有的工具测量获得明确结论。不能量化的指标，定性描述应该具有直接可测性；不具有直接可测性的内容，应通过可测的间接指标来测量。绩效评价指标在评价过程中的现实可行性有两方面的要求：一是能不能获取充足的相关信息；二是评价主体能不能作出相应的评价。为了保证评价指标体系具有较强的可行性（可操作性），指标的含义应尽量明确，指标体系的设置既要避免过于烦琐又要突出重点，而指标所涉及的数据在现实的物力和人力条件下也能够获取。

4. 可比性原则和相对稳定性原则

指标体系作为衡量政府绩效的手段和工具，评价人员应尽量选取能反映政府绩效共同属性的指标并保持计算口径和范围的统一，从而使评价指标不仅有助于进行横向比较，也有助于进行纵向比较。评价指标体系的可比性还包括纵向的可比，也就是说，在不同的时期，政府绩效评价指标应当尽量保持一致，从而能够反映政府在提高绩效方面的成就。为了保持评价指标的纵向可比性，所设计的评价指标应具有一定的稳定性。评价指标的相对稳定还有助于对政府行为形成持续性的激励，避免因指标的频繁变动而造成政府行为的短暂性，甚至造成政府在不同时期的行为具有冲突性。然而，指标的稳定性是相对的概念，当公共行政的环境或者政府绩效评价的价值取向发生变化时，应及时修改或更换那些不合时宜的指标。

评价指标筛选过程中应遵循的特殊性原则有：

1. 服务导向原则

服务导向原则要求绩效评价指标的设定必须立足于当时当地实际，看政府是否实实在在地推进了本地区的经济、社会协调发展，是否真正、真实地提高了人民的生活水平，并引导政府向提高人民生活质量、增强公共服务能力的方向发展。综观当前地方政府绩效评估现状，可以发现，在绩效评估中所表现出来的是一种浓厚的“政府本位”的价值取向。地方政府绩效评估活动往往是从政府自身的需要出发，从上级领导机关的考虑和需要出发，很少考虑地方政府管理活动是否满足当地社会、公众和企业的需要以及满足的程度怎么样。在这种绩效指标引导下，许多地方政府为了以大投资换得高增长的“政绩”，强行向群体集资摊派，盲目搞大开发、大建设，争取多出、快出“一望而知的政绩”。许多地方政府的绩效评价指标在设定、派发过程中不考虑本地的现实情况，只追求单纯的数字任务，与当地的社会发展需求和实际状况相脱节，致使很多工作最终难以达到预期目的。为公众提供优质的公共服务是衡量政府绩效水平的关键，也是构建地方政府绩效评价指标体系必须遵循的根本原则。目前发达国家的政府和领导人都在积极地倡导和推进服务导向的政府绩效管理。我们的各级地方政府及其工作人员也要改变政绩观念，要由原来重上级指标、重表面数量向注重公共服务质量、民众需求转变。

2. 职能依据原则

地方政府职能是影响其绩效评价指标体系构建的最主要因子。从本质上说，绩效就是政府职能履行的程度和质量。地方政府绩效评价指标体系的构建要立足于地方政府管理的职能。不同的职能重点，决定不同的指标内容；不同的职能关系，决定不同的指标结构。我们在构建地方政府绩效评价指标体系时，应全面、准确地把握地方政府职能的基本内容。从宏观上分析，一级地方政府具有发展经济、教育、科技、文化、卫生、体育、基础设施建设、环境保护等公共管理职能，履行这些职能就会产生政府相应的经济增长绩效、教育事业管理绩效、科技事业管理绩效、文化事业管理绩效、卫生事业管理绩效、体育事业管理绩效、基础设施建设绩效、环境保护管理绩效等。因此，我们就可以根据不同的职能及相应的绩效门类来设置评价指标。

3. 灵活权变原则

对于中国这样地域辽阔的国家来说，不同的地区在自然条件、经济发展水平、社会结构、国民素质、人民生活水平等方面都存在一定的差异性。因此构建地方政府绩效评价指标体系，应考虑不同地区客观条件的差异性对政府绩效的影响，对不同地区的评价指标体系，必须根据区域经济或产业特色，在指标体系设计上有不同的侧重，要设置一些通用指标，也要考虑一些特殊指标，或是运用数量分析技术，尽量缩小地区间主客观条件差异给绩效评价指标体系构建与绩效评估带来的负面影响和误差，通过权重的设置来体现不同地区各项指标的不同重要程度。如对高新技术开发区的评估，就应该突出技术创新指标、创业环境指标、经济发展指标、贡献指标和国际化指标等反映高新区发展状况的重要指标，尤其是技术创新和创业环境指标。对于历史文化旅游名城的评估，就应该突出其文化环境和自然环境保护指标、服务水平指标、知名度指标、社会治安指标等。同时，还要侧重评估在同等条件下与其他地区、部门相比，本地区和部门位次的变化，要既注重结果评价指标，又注重过程评价指标；既注重通用评价指标，又注重特殊评价指标，做到差异性与同一性相统一。最后，政府绩效评估不仅存在着多重的价值标准，而且还存在着从各种专业角度出发所带来的不同理解和判断。各级政府的具体目标、任务各有侧重，不可能设计出一套完美的普适性指标体系。

4. 整体统一原则

整体性原则要求指标体系能够全面、系统地反映地方政府管理绩效的数量和质量要求。政府绩效评估应按照科学发展观和正确政绩观的要求，体现发展的全面性、系统性、均衡性和可持续性，通过指标的设置和考核，把各项工作重点引导到物质文明、政治文明和精神文明协调发展，兼顾效率与公平，统筹经济增长与社会进步的目标上来，坚决克服单一经济指标带来的弊端。因此，在指标设计中必须注意指标的设置要遵循整体统一的战略思路，科学地反映政府绩效的真实水平，避免片面地过分突出 GDP 等指标，对过去我们忽略的内部管理、学习与发展、公众满意度等因素必须给予切实的关注。社会发展和人民生活的改善应是全面的、可持续的。政府作为某一区域内的法定权威组织，是唯一能够在宏观上引导本地经济社会在系统、可持续发展的框架内运行的组织。这就要求在设计政府绩效评价指标时，要综合反映经济社会发展的全面性、整体性与协调性，而不能只侧重某一方面。政府绩效指标要具有系统性，庞杂、相互矛盾的绩效指标只能使地方政府职能部门无所适从。为确保自身现有利益，各部门肯定会花费很大心思去权衡各项指标的利害得失，在履行职能时有所偏颇和取舍，因而不利于各项工作的全面展开。

5. 持续发展原则

绩效评估体系的设置不仅要考虑如何客观、准确地衡量各个部门的工作情况，以此为契机推动各部门工作绩效、积极性的提高，而且在指标设置过程中还需要具有前瞻性，能够对当地政府未来近几年的发展起到导向作用和促进作用。此外，存在的问题和困难亦表明在工作中可以努力、改进的目标，从发展的角度看亦应作为指标选取的重点。

第三节　政府绩效影响因素分析

“绩效”(performance)的概念很广，它可以是一个结果，也可以是我们工作的效率。我们一般将绩效解释为成绩、成效、效益。绩效具有多因性、多维性和动态性。多因性是指绩效的优劣不是取决于单一因素，而要受制于主、客观的多种因素的影响；多维性即沿多种维度或方面去分析与考评，权重可以不一；动态性是指绩效会随时间推移而不断变化。

政府绩效是政府在社会经济管理活动中的业绩、效果和效率，是政府能力的基本体现，是政府在行使其功能、实现其意志过程中体现的管理能力在社会经济管理活动中的结果、效益、效能。一般来说，政府绩效包含微观、宏观两个层面和经济、社会、政治三个维度。在宏观层次上，政府绩效表现为整个政府活动的成绩与效果，包括政治的民主与稳定、经济的健康发展、人民生活水平的持续提高、社会公正与公平、国家安全与社会秩序的改善、文化发展和精神文明水平的提高等方面。在微观层次上，政府绩效则表现为一个特定政府部门取得的工作成就。在政府绩效体系中，经济绩效是政府绩效的主要内涵和外在表现，在整个体系中发挥着基础作用。没有经济绩效，社会绩效和政治绩效就会缺乏物质基础和物质支撑，社会绩效和政治绩效也不会长久持续。社会绩效是政府绩效体系中的价值目标，没有社会绩效，经济绩效就没有实现的意义和价值，政治绩效会失去社会基础。政治绩效是整个政府绩效的中枢和核心，实现经济绩效和社会绩效需要政治绩效作为法律和制度的保证和保障。

政府绩效评价就是根据管理的效率、能力、服务质量、公共责任和社会公众满意程度等方面的判断，对政府公共部门管理过程中投入、产出、中期成果和最终成果所反映的绩效进行评定和划分等级。

目前，国内外学术界进行了不少相关研究。世界银行《2001年世界发展指标》中与政府绩效相关的指标有10大类。国家行政学院李军鹏先生依据政府公共产品的主要类别，提出政府公共供给指标体系由8大类33个指标组成。国内外政府绩效评价指标体系已有的研究成果来之不易，很有价值。但是，现有的相关研究成果没有形成一个全面、系统、科学的评价指标体系，大多只是从社会评价和经济测量的角度，将政府绩效评价指标分散在社会发展评价指标和政府公共供给指标体系之中，而作为政府绩效评价指标体系的整体性、系统性和相对独立性不强。现有的相关研究成果缺乏对绩效评价指标体系设计的技术平台研究，使得指标体系的设计流于拍脑袋和满足于对已有指标体系的修补上，没有将政府绩效评价指标体系的设计与当前我国政府绩效信息统计工作联系起来，没有充分利用和挖掘现有的相关数据信息存量，使得设计出来的指标可测性不强。本文在阐述我国政府绩效评价指标体系构建的影响因素的基础上，构建指标的筛选模型，在此基础上提出一个比较完整、合理的地方政府公共事业管理绩效评价指标体系。

1. 以政府绩效为目标的影响因素

本文中，我们将政府绩效分为经济绩效、服务绩效、内部绩效、社会绩效四个维度。影响经济绩效的指标主要有经济增长和经济调节；影响服务绩效的指标主要有能源利用、固定资产投资、科技事业、教育事业、文化事业和医疗卫生事业；影响内部绩效的指标主要有财务和内部管理；影响社会绩效的指标主要有社会和谐、生活质量、生态环境社会保障等。然而又有很多因素来影响这些影响绩效的指标，譬如，影响经济增长的因素有地区生产总值(GDP)、人均GDP、GDP增长率、第三产业比重、原材料消耗强度、全员劳动生产率、产值利税率、实际使用外资金额、规模以上工业总产值等。具体影响因素见表3-1。

表3-1　　政府绩效影响因素

评价维度	绩效指标	影响因素
经济绩效	经济增长	地区生产总值(GDP)；人均GDP；GDP增长率；国有企业实现利润增长率；第三产业比重；原材料消耗强度；全员劳动生产率；产值利税率；规模以上工业总产值；工业增加值增长率；工业增加值完成情况；制造投资占城镇投资比重；实际使用外资金额；外贸进出口增长率；第三产业增加值比重；第三产业增加值增长速度；城镇居民人均(可支配)收入；社会消费品零售总额；城市居民人均住房面积；人均道路面积；万人公交车拥有量；人均年生活用电量；万人拥有固定电话数
	经济调节	城市恩格尔系数；城镇登记失业率；城镇居民消费价格指数
服务绩效	能源利用	单位国内生产总值能耗；能源消费弹性系数
	固定资产投资	全社会固定资产投资相当于国内生产总值比例；房屋建筑面积竣工率
	科技事业	研究与试验发展(R&D)经费支出相当于国内生产总值比例；科技成果转换率；高新技术占产值比重；专利申请量；科技进步贡献率；高新技术产品出口占出口的比重

续表

评价维度	绩效指标	影响因素
服务绩效	教育事业	财政预算内教育经费支出相当于国内生产总值比例;普通高中入学率;普通高等学校生师比;农村劳动力人均受教育年限
	文化事业	每百万人拥有公共图书馆数;每百万人拥有博物馆数;农村居民人均文化娱乐费支出;财政文化事业经费投入增长率;文化健康场所建设情况;财政体育事业经费投入增长率
	医疗卫生事业	平均预期寿命;每千人拥有医生数;每千人拥有医院床位数;护士的比例;传染病、职业病等重要疾病的发病率;孕婴死亡率;乡镇卫生院增投工程完成情况;卫生事业费财政投入增长率
内部绩效	财务	财政收入增长速度;利用外资实际到位金额;行政经费占财政支出的比重;行政管理费用占财政支出的比例;公共事业财政支出占地方财政支出比重;特定公共项目投资
	内部管理	公务员占总人口比重;信息管理水平;政策的稳定性;执法的公正性;对假冒伪劣产品打击力度;业务受理和处理量;腐败案件涉案人数;便民服务中心建成率;公务员队伍培训开发情况;信访办结率;息访率;机关工作作风;市民参政议政情况;公民满意度;行政信息公开程度
社会绩效	社会和谐	人口自然增长率;出生人口政策符合率;出生人口性别比;刑事案件发生数;交通事故发生数;生产事故死亡人数;社会保险覆盖率;年度集体上访次数
	生态环境	环保资金投入占GDP的比重;城市人均绿地面积;空气质量达到二级或高于二级的天数;城市绿化覆盖率;森林覆盖率;城市污水处理率;工业废水排放达标率;工业粉尘回收率;工业固体废物综合利用率;人均占有耕地面积;城市垃圾无害化处理率
	社会保障	城镇基本医疗保险参保人数;城镇失业保险参保人数;农村养老保险参保人数;工伤保险完成参保率;生育保险完成参保率;低保覆盖率

2. 政府绩效影响因素分析

通过研究与调查，结合国内外学者的研究，我们已经综合形成了对政府绩效的原始影响因素。第二步我们要对原始影响因素进行分析筛选，经过多方面考虑，我们运用调查问卷法进行对原始影响因素的筛选(详见表 3-2)。

政府绩效评价体系中，一些影响因素之间很可能存在着高度的相关性，这种高度的相关性会导致被评价对象信息的过度重复使用，从而极大地降低评价结果的科学性和合理性。因此，我们邀请相关专家对调查问卷进行作答，从而得出比较权威的筛选结果。首先，如何选择专家是非常重要的。选择专家时可从以下几个方面着手：(1)专家资格的认定。所选择的专家应是绩效评价研究领域的权威，或者在该领域至少有丰富的工作经验的专家、学者。如果专家对绩效评价没有进行过深入、透彻的理解和研究，那么他们就很难区分各项指标之间的细微差别，很难对评价结果作出正确的判断；(2)专家数量的确定。专家的人数不能太多。专家人数太多，一方面随着被调查人数的增加，调查成本也会越来越高；另一方面，人数太多，难于组织，对结果的处理也比较复杂。但是专家的人数也不能太少，样本太少，会增加评价结果的不稳定性。根据以上要求选出专家后，由专家首先根据各二级指标的重要程度给出其归一化得分作为指标的权重；接下来对各三级指标订出三类评价标准，即重要、一般重要和不重要三类；各专家根据自己的了解情况分别在自己所认定的标准下打“√”；然后我们统计出每类标准下专家打“√”的比例，用加权平均法计算每个三级指标的得分；再以各三级指标的得分和各自权重加权平均后得出各二级指标的得分；最后，按照得分筛选得到最终的政府绩效评价指标体系。

表 3-2　　　　　政府绩效影响因素调查问卷

评价绩效	二级指标	三级指标	重要程度		
			重要	一般重要	不重要
经济绩效	经济增长	地区生产总值(GDP)			
		人均 GDP			
		GDP 增长率			
		国有企业实现利润增长率			
		第三产业比重			
		原材料消耗强度			
		全员劳动生产率			
		产值利税率			
		规模以上工业总产值			
		工业增加值增长率			
		工业增加值完成情况			
		制造投资占城镇投资比重			
		实际使用外资金额			
		外贸进出口增长率			
		第三产业增加值比重			
		第三产业增加值增长速度			
		城镇居民人均(可支配)收入			
		社会消费品零售总额			
		城市居民人均住房面积			
		人均道路面积			
		万人公交车拥有量			
		人均年生活用电量			
		万人拥有固定电话数			

续表

评价绩效	二级指标	三级指标	重要程度		
			重要	一般重要	不重要
经济绩效	经济调节	城市恩格尔系数			
		城镇登记失业率			
		城镇居民消费价格指数			
服务绩效	能源利用	单位国内生产总值能耗			
		能源消费弹性系数			
	固定资产投资	全社会固定资产投资相当于国内生产总值比例			
		房屋建筑面积竣工率			
	科技事业	研究与试验发展(R&D)经费支出相当于国内生产总值比例			
		科技成果转换率			
		高新技术占产值比重			
		专利申请量			
		科技进步贡献率			
		高新技术产品出口占出口的比重			
	教育事业	财政预算内教育经费支出相当于GDP比例			
		普通高中入学率			
		普通高等学校生师比			
		农村劳动力人均受教育年限			

续表

评价绩效	二级指标	三级指标	重要程度		
			重要	一般重要	不重要
服务绩效	文化事业	每百万人拥有公共图书馆数			
		每百万人拥有博物馆数			
		农村居民人均文化娱乐费支出			
		财政文化事业经费投入增长率			
		文化健康场所建设情况			
		财政体育事业经费投入增长率			
	医疗卫生事业	平均预期寿命			
		每千人拥有医生数			
		每千人拥有医院床位数			
		护士的比例			
		传染病、职业病等重要疾病的发病率			
		孕婴死亡率			
		乡镇卫生院增投工程完成情况			
		卫生事业费财政投入增长率			

续表

评价绩效	二级指标	三级指标	重要程度		
			重要	一般重要	不重要
内部绩效	财务	财政收入增长速度			
		利用外资实际到位金额			
		行政经费占财政支出的比重			
		行政管理费用占财政支出的比例			
		公共事业财政支出占地方财政支出比重			
		特定公共项目投资额			
	内部管理	公务员占总人口比重			
		信息管理水平			
		政策的稳定性			
		执法的公正性			
		对假冒伪劣产品打击力度			
		业务受理和处理量			
		腐败案件涉案人数			
		便民服务中心建成率			
		公务员队伍培训开发情况			
		信访办结率			
		息访率			
		机关工作作风			
		市民参政议政情况			
		公民满意度			
		行政信息公开程度			

续表

评价绩效	二级指标	三级指标	重要程度		
			重要	一般重要	不重要
社会绩效	社会和谐	人口自然增长率			
		出生人口政策符合率			
		出生人口性别比			
		刑事案件发生数			
		交通事故发生数			
		生产事故死亡人数			
		社会保险覆盖率			
		年度集体上访次数			
	生态环境	环保资金投入占 GDP 的比重			
		城市人均绿地面积			
		空气质量达到二级或高于二级的天数			
		城市绿化覆盖率			
		森林覆盖率			
		城市污水处理率			
		工业废水排放达标率			
		工业粉尘回收率			
		工业固体废物综合利用率			
		人均占有耕地面积			
		城市垃圾无害化处理率			
	社会保障	城镇基本医疗保险参保率			
		城镇失业保险参保率			
		农村养老保险参保率			
		工伤保险完成参保率			
		生育保险完成参保率			
		低保覆盖率			

第四节　评价指标体系构建

在政府职能的定义和一些绩效评价逻辑模型的基础上，设计出了经济绩效、服务绩效、内部绩效和社会绩效4个评价维度，并逐级分解，确定了13个二级指标以及35个三级指标。

一、经济绩效

1. 经济增长

(1)地区生产总值(GDP)

地区生产总值(GDP)，是指一个地区的常住单位在一定时期内(通常为一年或一个季度)所生产和提供的最终使用的产品和服务(劳务)的价值。简单地说，就是一个地区在一定时期内新创造的价值的总和。GDP显示一个国家(或地区)经济增长(或下降)的步伐，并且被认为是经济产量及增长力最重要的一个指标，它能从总体上反映出一个国家或地区的经济发展水平。但单纯用GDP衡量经济增长也有不足之处，因为它忽略了一些生态环境因素和社会方面的效益。这也就造成了一些地方片面追求GDP，不惜以浪费大量资源、破坏生态环境为代价。尽管现行的GDP核算方法有一定不足，但它也从总体上反映出了各地的经济发展状况。

(2)人均GDP

人均GDP是衡量一个国家或地区经济发展水平的最普遍的一个标准，一般地说，人均GDP高，社会福利水平也就高。国际上比较通行的标准为：人均GDP在400美元以下为贫困，达到400美元为温饱，达到800美元为小康，达到4000美元为富裕。人均GDP在衡量经济社会福利水平上也有一定的局限性：第一，它是按市场价格来计算的，往往与真实的社会价值有一定的差距，而且也忽略了资源、生态、环境等社会价值。第二，经济福利水平取决于市场价格，不同国家的购买力也是不同的。第三，人均 GDP 没有考虑到经济收入的不平等程度，有时人均 GDP 高的国家福利水平还可能低于人均 GDP 略低的国家，最典型的就是拉丁美洲的一些国家，如巴西、玻利维亚、阿根廷等，人均 GDP 已经超过 3000 美元，有的达到 5000 美元，但由于贫富差距太大，社会却是动荡不安，经济学界称其为"拉美陷阱"。同样，尽管人均 GDP 衡量方法有一定的不足，但人均 GDP 也从一个方面反映了各地的经济发展状况。

(3)城镇居民人均(可支配)收入

收入是人们在劳动力市场上所得到的货币，经济学家眼里收入代表财富产生的收益。城镇居民人均可支配收入指被调查的城镇居民家庭在支付个人所得税、财产税及其他经常性转移支出后所余下的实际收入，即个人收入减去个人纳税。计算公式为：

$$I_d = \frac{I_t}{T_n} \tag{3-1}$$

其中，I_d 为城镇居民人均(可支配)收入，I_t 为一定时期城镇居民总收入，T_n 为城镇居民总数。

这是衡量城镇居民生活水平最为直接的指标。

(4)城市居民人均住房面积

2. 经济调节

(1)城市恩格尔系数

恩格尔系数指食物支出金额在消费性总支出金额中所占的比例。计算公式为：

$$E = \frac{F_s}{C_s} \times 100\% \tag{3-2}$$

其中，E 为恩格尔系数，F_s 为食品支出金额，C_s 为消费性总支出金额。

恩格尔系数是世界上比较通用的衡量国民生活质量的一个指标。通用的标准为:恩格尔系数高于 60%为贫困,60%～50%为温饱,50%～40%为小康,40%～30%为富裕,30%以下为最富裕。

(2)城镇登记失业率

城镇登记失业率是指城镇登记失业人数同城镇从业人数与城镇登记失业人数之和的比。计算公式为:

$$U_r=\frac{U_n}{E_n+U_n}\times 100\% \tag{3-3}$$

其中,U_r 为城镇登记失业率,U_n 为城镇登记失业人数,E_n 为城镇从业人数。

最近几年,党中央特别重视就业问题。重视民生、改善民生,首先就要保证每一个劳动者有工作。但是在任何社会,不可能每一个人都有工作,特别是在市场经济条件下。在计划经济条件下,由政府来安排工作,而在市场经济条件下,是大家自主择业双向选择。在这种情况下,不管哪个国家,不管处于怎样的经济发展时期,都有一定的失业率,只是失业率有高有低。我们也公布失业率,比如说 2006 年是 4.1%。按照国际标准,一般有两种失业率:一个叫“登记失业率”,一个叫“调查失业率”。登记失业率,就是我失业了,我要向政府去登记、去报告,希望领取失业救济金。还有的像欧洲一些国家,由政府来进行调查,不管你来不来登记。这就是调查失业率。本文以城镇登记失业率作为衡量政府经济调节绩效的一个重要指标。

(3)城镇居民消费价格指数

居民消费价格指数是反映一定时期内城乡居民所购买的生活消费品价格和服务项目价格变动趋势和程度的相对数,是对城市居民消费价格指数和农村居民消费价格指数进行综合汇总计算的结果。利用居民消费价格指数,可以观察和分析消费品的零售价格和服务价格变动对城乡居民实际生活费支出的影响程度。

二、服务绩效

1. 能源利用

(1)单位国内生产总值能耗

单位国内生产总值能耗指一定时期内，一个国家或地区每生产一个单位的国内生产总值所消耗的能源。计算公式为：

$$p=\frac{\mathrm{TEC}}{\mathrm{GDP}} \tag{3-4}$$

其中，p 为单位国内生产总值能耗，TEC 为能源消费总量，GDP 为国内生产总值。

单位国内生产总值能耗是能源经济学的重要指标，2006 年 3 月 5 日，国务院前总理温家宝在人代会上作政府工作报告时提出，今年单位国内生产总值能耗降低 4%左右。这是能耗指标首次与经济增长、物价、就业和国际收支并列成为中国的宏观调控目标。

(2)能源消费弹性系数

能源消费弹性系数是反映能源消费增长速度与国民经济增长速度之间比例关系的指标。计算公式为：

$$E=\frac{E_{\mathrm{r}}}{G_{\mathrm{r}}} \tag{3-5}$$

其中，E 为能源消费弹性系数，E_{r} 为能源消费量年平均增长速度，G_{r} 为国民经济年平均增长速度。

2. 固定资产投资

(1)全社会固定资产投资相当于国内生产总值比例

全社会固定资产投资是以货币形式表现的在一定时期内全社会建造和购置固定资产的工作量以及与此有关的费用的总称。该指标是反映固定资产投资规模、结构和发展速度的综合性指标，又是观察工程进度和考核投资效果的重要依据。全社会固定资产投资按登记注册类型可分为国有、集体、个体、联营、股份制、外商、港澳台商、其他等。因此，全社会固定资产投资相当于国内生产总值比例的计算公式为：

$$I_r = \frac{I}{GDP} \times 100\% \tag{3-6}$$

其中，I_r 为全社会固定资产投资相当于国内生产总值比例，I 为全社会固定资产投资，GDP 为国内生产总值。

(2)房屋建筑面积竣工率

房屋建筑面积竣工率是指一定时期内房屋竣工面积占同期房屋施工面积的比率。它是从房屋建筑施工速度的角度反映投资效果的指标。

3. 科技事业

(1)研究与试验发展(R&D)经费支出相当于国内生产总值比例

科研经费支出是指从各种渠道筹集到的计划用于科技活动的经费，包括政府资金、企业资金、事业单位资金、金融机构贷款、国外资金和其他资金等。科研经费支出相当于国内生产总值比例的计算公式为：

$$R_r = \frac{R}{GDP} \tag{3-7}$$

其中，R_r 为科研经费支出相当于国内生产总值比例，R 为科研经费支出，GDP 为国内生产总值。

科研经费支出相当于国内生产总值比例，反映各社会经济主体对促进科技进步所做的努力程度，也是衡量政府对科研重视程度的一个重要指标。

(2)专利申请量

专利申请量指向专利行政部门提出专利申请并被受理的件数。

(3)高新技术产品出口占出口的比重

计算公式为：

$$H_r = \frac{H}{T} \times 100\% \tag{3-8}$$

其中，H_r 为高新技术产品出口占出口的比重，H 为高新技术产品出口额，T 为总出口额。

4. 教育事业

(1)财政预算内教育经费支出相当于国内生产总值比例

财政预算内教育经费是指中央、地方各级财政或上级主管部门在年度内安排，并计划拨到教育部门和其他部门主办的各级各类学校、教育事业单位，列入国家预算支出科目的教育经费，包括教育事业拨款、科研经费拨款、基建拨款和其他经费拨款。财政预算内教育经费支出相当于国内生产总值比例的计算公式为：

$$E_r = \frac{E_s}{\mathrm{GDP}} \tag{3-9}$$

其中，E_r 为教育经费支出相当于国内生产总值比例，Es 为教育经费支出，GDP 为国内生产总值。

(2)普通高等学校生师比

普通高等学校生师比是指平均每个教师所教的学生数。这个指标根据教师总数和学生总数大小之间的关系来测量人力资源的投入。计算公式为：

$$R = \frac{S_n}{T_n} \tag{3-10}$$

其中，R 为普通高等学校生师比，Sn 为在校学生总数，Tn 为专任教师总数。

通常应该用国家规定的生师比标准来测量生师比的水平。生师比高，表明每个教师负担的学生多，学生与老师的接触相对较少；生师比低，表明每个教师负担的学生少，学生与老师的接触相对较多，这样最终可能使学生的学习效果更好。

5. 文化事业

(1)每百万人拥有公共图书馆数

公共图书馆指文化系统所属的面向社会服务独立的图书馆。不包括文化馆的图书室,也不包括文化系统以外的公共图书馆。每百万人拥有公共图书馆的数量体现了一个城市文化事业的重视程度、群众对图书馆的需求程度以及二者的适应程度等。

(2)每百万人拥有博物馆数

6. 医疗卫生事业

(1)每千人拥有医生数

该指标反映了社会医疗水平的高低。计算公式为:

$$P_{\mathrm{d}}=\frac{D_{\mathrm{n}}}{T_{\mathrm{n}}}\times 1000 \tag{3-11}$$

其中,P_{d} 为每千人拥有医生数,D_{n} 为医生总数,T_{n} 为总人口。

(2)每千人拥有病床数

计算公式为:

$$B_{\mathrm{t}}=\frac{B_{\mathrm{n}}}{T_{\mathrm{n}}}\times 1000 \tag{3-12}$$

其中,B_{t} 为每千人拥有病床数,B_{n} 为病床总数,T_{n} 为总人口。

三、内部绩效

1. 财务

(1)财政收入增长速度

财政总收入是指各县市的地方财政收入、上划中央“两税”和上划所得税的总和。其中,上划中央“两税”是指按财政体制划分的属于各县市的上划中央“两税”收入,不是指辖区内的上划中央“两税”收入,以财政决算数为准。上划所得税是指各县市上划中央、省、市州的企业所得税和个人所得税之和,包含中央、省、市州下放到各县市的企业所得税和利息所得税形成的上划部分。计算公式为：

$$R_g=\frac{G_r-B_r}{B_r}\times 100\% \tag{3-13}$$

其中，R_g 为财政收入增长速度，G_r 为目标期财政收入，B_r 为基期财政收入。

(2)利用外资实际到位金额

(3)行政管理费用占财政支出的比例

计算公式为：

$$P=\frac{A_c}{F_c}\times 100\% \tag{3-14}$$

其中，P 为行政管理费用占财政支出的比例，A_c 为行政管理费用，F_c 为财政总支出。

2. 内部管理

(1)业务受理和处理量

(2)腐败案件涉案人数

四、社会绩效

1. 社会和谐

(1)刑事案件发生数

刑事案件包括杀人、抢劫、强奸、盗窃、走私、诈骗、拐卖妇女儿童等。

(2)交通事故发生数

(3)年度集体上访次数

2. 生态环境

(1)城市人均绿地面积

城市人均绿地面积，指城市市区内平均每人拥有的公共绿地面积，指各类开放的公园(包括植物园、陵园、游乐园、风景名胜公园等)、动物园、广场绿地、沙(湖)滨绿地和宽度在 8 米以上设置有行人休息设施的林荫道绿地面积与市区非农业人口之比。

计算公式为：

$$P_g = \frac{T_g}{T_n} \times 100\% \qquad (3\text{-}15)$$

其中，P_g 为城市人均绿地面积，T_g 为城镇公共绿地总面积，T_n 为城镇居民总人数。

(2)空气质量达到二级或高于二级的天数

根据 ISO 定义，空气污染指由于人类活动和自然过程引起某些物质进入大气中达到一定浓度和持续时间，并因此危害了人体舒适、健康和福利。

城市空气污染指数是表示环境质量优劣程度和各种环境要素和物质的测定值。空气污染指数是根据环境空气质量标准和各项污染物对人体健康和生态环境的影响来确定污染指数的分级及相应的污染物浓度限值。我国目前采用的空气污染指数(API)分为五个等级：API 值小于等于 50，说明空气质量为优，相当于国家空气质量一级标准，符合自然保护区、风景名胜区和其他需要特殊保护地区的空气质量要求；API 值大于 50 且小于等于 100，表明空气质量良好，相当于达到国家质量二级标准；API 值大于 100 且小于等于 200，表明空气质量为轻度污染，相当于国家空气质量三级标准；API 值大于 200，表明空气质量差，称之为“中度污染”，为国家空气质量四级标准；API 值大于 300，表明空气质量极差，已严重污染。

(3)城市绿化覆盖率

计算公式为：

$$R_g = \frac{A_g}{A_c} \times 100\% \qquad (3\text{-}16)$$

其中，R_g 为城市绿化覆盖率，A_g 为城市绿化面积，A_c 为城市面积。

(4)城市污水处理率

城市污水处理率是指城市污水年处理量与城市污水年排放量的比率,计算公式为:

$$R_t = \frac{T_t}{T_c} \times 100\% \tag{3-17}$$

其中,R_t 为城市污水处理率,T_t 为城市污水年处理量,T_e 为城市污水年排放量。

3. 社会保障

(1)城镇基本医疗保险参保率

(2)城镇失业保险参保率

(3)农村养老保险参保率

政府绩效评价指标体系详见表 3-2。

表 3-2　　政府绩效评价指标体系

评价维度	二级指标	三级指标	单位
经济绩效	经济增长	地区生产总值(GDP)	亿元
		人均 GDP	元
		城镇居民人均(可支配)收入	元
		城市居民人均住房面积	平方米
	经济调节	城市恩格尔系数	%
		城镇登记失业率	%
		城镇居民消费价格指数	%
服务绩效	能源利用	单位国内生产总值能耗	t/万元
		能源消费弹性系数	
	固定资产投资	全社会固定资产投资相当于国内生产总值比例	%
		房屋建筑面积竣工率	%

续表

评价维度	二级指标	三级指标	单位
服务绩效	科技事业	研究与试验发展(R&D)经费支出相当于国内生产总值比例	%
		专利申请量	件
		高新技术产品出口占出口的比重	%
	教育事业	财政预算内教育经费支出相当于 GDP 比例	%
		普通高等学校生师比	
	文化事业	每百万人拥有公共图书馆数	个
		每百万人拥有博物馆数	个
	医疗卫生事业	每千人拥有医生数	个
		每千人拥有医院床位数	张
内部绩效	财务	财政收入增长速度	%
		利用外资实际到位金额	亿元
		行政管理费用占财政支出的比例	%
	内部管理	业务受理和处理量	个
		腐败案件涉案人数	%
社会绩效	社会和谐	刑事案件发生数	%
		交通事故发生数	起
		年度集体上访	次数
	生态环境	城市人均绿地面积	平方米
		空气质量达到二级或高于二级的天数	天
		城市绿化覆盖率	%
		城市污水处理率	%

续表

评价维度	二级指标	三级指标	单位
社会绩效	社会保障	城镇基本医疗保险参保率	%
		农村养老保险参保率	%
		城镇失业保险参保率	%

第五节　评价指标体系信度和效度检测

一、评价指标体系信度的检测

评价指标体系的信度是指评价指标体系的可靠性程度。政府绩效评价指标是一个由多项指标要素组成的体系。高信度的指标体系应该是指标之间独立、内部结构良好、指标关系一致的体系。在检测评价指标体系的信度过程中，可以采用数理统计学中的相关系数作为评价指标信度的方法来实现。我们请一些熟悉评价对象的专家来对指标体系进行评分。设评价指标集为 $M=\{m_1, m_2, \cdots, m_n\}$，参加评分的专家人数为 S，专家 j 对指标体系的评分集为 $X_j=\{x_{1j}, x_{2j}, \cdots, x_{nj}\}$，计算出专家组评分的平均数据组为 $Y=\{y_1, y_2, \cdots, y_n\}$，其中：

$$y_i = \sum_{j=1}^{S} x_{ij} / S \tag{3-18}$$

则令评价指标体系的信度系数为

$$\rho = \sum_{j=1}^{S} \rho_j / S \tag{3-19}$$

其中

$$\rho_j = \sum_{i=1}^{n}(x_{ij} - \bar{x}_j)(y_i - \bar{y}) / \sqrt{\sum_{i=1}^{n}(x_{ij} - \bar{x}_j)^2 \sum_{i=1}^{n}(y_i - \bar{y})^2}$$
$$(j = 1, 2, \cdots, S) \tag{3-19}$$

$$\bar{x}_j = \sum_{i=1}^{n} x_{ij} / n, \bar{y} = \sum_{i=1}^{n} y_i / n \tag{3-21}$$

以上公式的统计学含义是，以评价指标 m_i 的 S 位专家打分结果的均值作为理想值，计算 S 位专家打分数据与其平均值的差异程度，可以反映出采用同一评价指标体系 S 位专家打分数据的差异性。ρ 越大，表明采用该指标体系得出的权重的差异性越大，该指标体系的可靠性越高；反之，则表明各专家采用该评价指标体系对于同一评估对象得出的评估数据差异较大，即专家的分歧较大，该评价指标体系的可靠性较差。一般而言，当 $\rho \in (0.9, 1)$ 时，可认为该评价指标体系的可靠性较高；当 $\rho \in (0.8, 0.9)$ 时，则可认为该评价指标体系可靠性一般；当 $\rho \in (0, 0.8)$ 时，则可认为该评价指标体系的可靠性较差。

按照上述方法，对指标体系的信度进行判断与检验，得到的 ρ 值为 0.8317，大于 0.8，这说明该指标体系基本符合可靠性要求。

二、政府绩效评价指标体系效度的检测

评价指标效度是指评价指标在多大程度上描述了评估对象的特征范畴并反映了评估目的，即评价指标反映评估对象客观要素的准确程度。在政府绩效评估中，如果确立的指标不能反映或不能完全反映政府绩效这一评估对象的特性要求，那么，该指标体系就不具有较高的效度。如在设计指标体系时，只关注地方政府管理的经济绩效，而忽视地方政府管理的社会绩效，只关注地方政府的眼前绩效，而忽视政府的潜在长远绩效，都是不科学的。评价指标效度的测评可以通过经验判断进行，可以通过计算“内容效度比”（缩写为 CVR）或者指标隶属度来表示，还可以请一些熟悉评

估对象的人员来计算指标与评估对象范畴之间关系的密切程度。

根据我们在指标体系信度检测中的假设，定义指标权重 m_i 的效度系数为 β_i，则

$$\beta_i = \sum_{j=1}^{S} \frac{|\bar{x}_i - x_{ij}|}{S * F} \tag{3-22}$$

其中，$\bar{x}_i$ 是评价指标 m_i 评分的平均值，即 $\bar{x}_i = \sum_{j=1}^{S} x_{ij}/S$，$F$ 为评价指标 m_i 的评语集中评分的最大值。

则定义评价指标体系 M 的效度系数为 β：

$$\beta = \sum_{i=1}^{n} \beta_i / n \tag{3-23}$$

效度系数的统计学含义在于衡量出某一指标体系在评估评估对象时产生的认知偏差程度。该系数绝对值越小，表明各专家对指标的体系中各指标认识越趋向一致，指标体系的有效性就越高；反之，则有效性越低。

按照上述方法，对指标体系的效度进行判断与检验，经计算得到 β 值为 0.1235，这说明该指标体系符合有效性要求。

第六节　指标网络数据库构建

一、数据库的逻辑模型

数据库的逻辑模型—实体关系图，是整个系统开发设计的关键。它的合理性对于后台编码的实现非常重要。运用 Er-win 设计出的数据库逻辑模型—实体关系如图 3-1 所示。

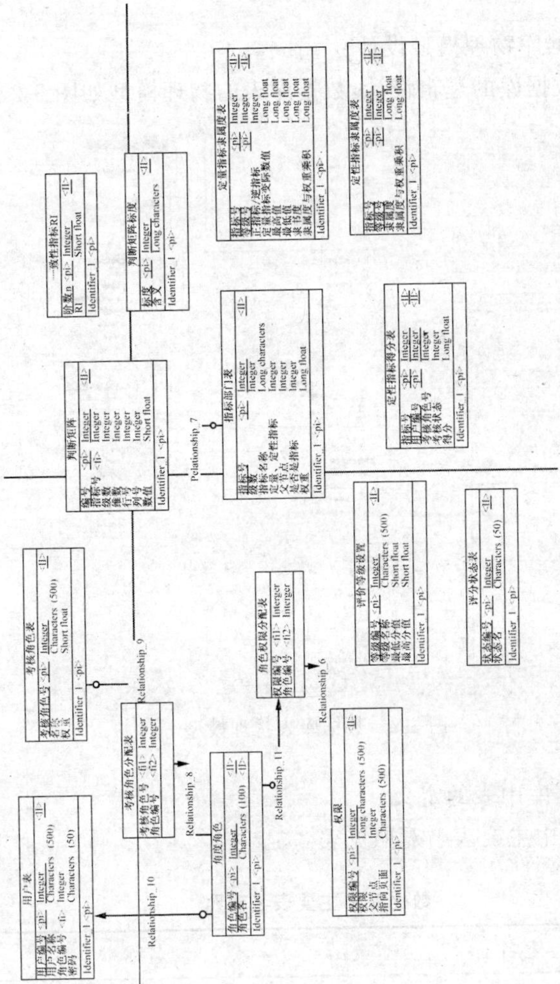

图 3-1 综合评价等级表

二、数据库的逻辑设计

1. 数据库物理模型设计

根据数据库的逻辑设计，数据库表的物理模型如图 3-2 所示。

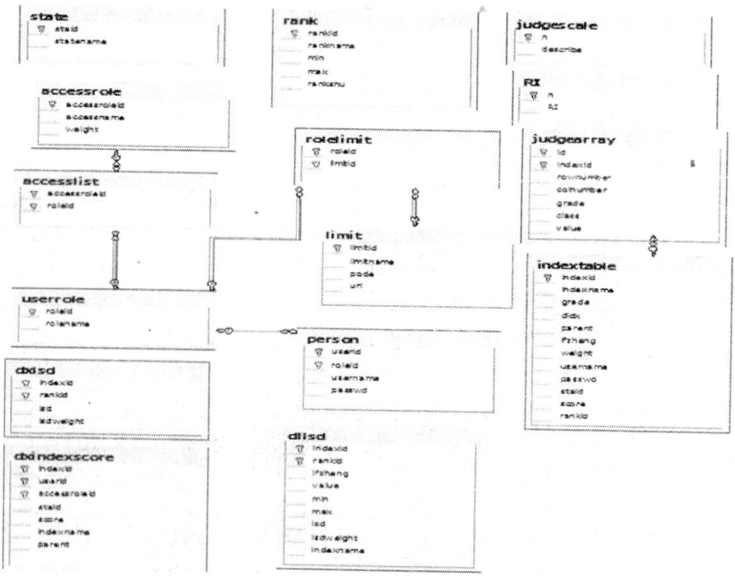

图 3-2　数据库表物理模型

2. 数据库中表的定义

数据库中主要表名对照见表 3-3。

表 3-3　　数据库中主要表名对照

表名	名称
state	评分状态表
rank	评价等级表

续表

表名	名称
person	用户表
accessrole	考核角色表
userrole	用户角色表
limit	权限表
accesslist	考核角色分配表
rolelimit	角色权限分配表
judgearay	判断矩阵表
indextable	指标部门表
RI	一致性指标表
judgescale	判断矩阵标度表
dxindexscore	定性指标得分表
dxlsd	定性指标隶属度表
dllsd	定量指标隶属度表

第四章 基于网络数据库技术的公共服务型政府质量评价模型

第一节 指标的网络数据统计方法

一般社会经济统计在调查、整理、分析的各个阶段，使用各种专门的研究方法，根据所处阶段的不同，我们把统计方法具体分为统计调查方法、统计数据整理方法和统计分析方法。

统计调查是指按照预定的统计任务，运用科学的统计调查方法，有计划、有组织地根据客观实际搜集数据资料的过程。从整个统计工作的全过程看，统计调查是搜集统计数据获得感性认识的阶段，既是对现象总体认识的开始，也是进行数据整理和分析的基础环节。统计调查是整个统计工作的基础和关键，它以搜集大量的、以数字资料为主体的信息为主要特征，准确性和及时性是衡量统计调查工作质量的重要标志。

统计调查方法是保证统计调查准确、及时的关键条件之一。目前，我国主要的统计调查方法有统计报表、普查、抽样调查、重点调查和典型调查等。

普查是专门组织的、一般用来调查属于一定时点上社会经济现象数量的全面调查。普查多是不定期的，是一次性进行的。普查能掌握全面、系统的国情国力统计资料，了解一个国家人力资源、物资资源和财力资源的数量及其利用情况，对于国家从实际情况出发制定国民经济和社会发展计划及产业政策，加强国民经济管理、安排人民物质和文化生活具有重要意义。

抽样调查是一种非全面调查，它是按照随机原则从总体中抽取部分调查单位进行观察，用以推算总体数量特征的一种调查方式。抽样调查是一种代表性调查，它通过样本的调查来推断总体。非全面性和随机性是抽样调查的主要特征。具体讲，抽样调查具有经济性、时效性、准确性和灵活性的优势，它的具体组织形式有简单随机抽样、类型抽样、等距抽样、整群抽样等。

重点调查也是一种非全面调查，它是在所要调查的现象总体的全部单位中选择一部分重点单位进行调查。重点调查着眼于现象的量的方面，尤其是所研究对象主要标志总量的比重，尽管这些单位在全部单位中只是一部分，但是它们的某一主要标志的总量在总体标志总量中占有很大比重。重点调查实质上是范围比较小的全面调查，它的目的是反映现象总体的基本情况。由于重点调查具有很强的目的性，因此，它可以是定期的，也可以是临时的。

典型调查是根据调查的目的和要求，在对所研究的对象进行初步分析的基础上，有意识地选取若干具有代表性的单位进行深入细致的调查和研究，借以认识同类事物发展变化的规律。典型调查是按照统计任务的要求而专门进行的一种非全面的调查，是在对现象总体进行全面分析的基础上有意识地选择出来的，因此，典型调查与其他非全面调查相比，更多地取决于调查者的主观判断和决策。典型调查一般分为两类：一是解剖麻雀式的典型调查，主要针对个别典型单位进行；二是划类选典式的典型调查，这种方法先对现象总体按与研究目的、任务有关的主要标志划分类型，然后再在类型组中选择典型单位进行调查。

通过以上调查方法得到原始数据之后，我们要进行数据统计：通过定量考核，每一个情况反映者对关于被考核者的 M 项考核内容都打出了分值，即(x_1，x_2，…，x_m)这样一组数组，如果共有 N 个人参加考核，可得到 N 组数据。现在用数据统计方法对这些数据进行统计，求取第 i 项考核内容的修正分。

第一步：求得平均分值 X。

第二步：求取考核数据的平均误差。

第三步：求出允许误差极限值 F。

目前有三种方式，不同地区的党委、组织人事部门可以根据本地实际情况选择相应的方式。

一是根据以往调查考核经验或模拟考核结果，自行设置极限误差范围。

二是设置允许误差百分比范围，然后通过标准正态分布表查得允许差极限值。

三是利用肖维涅判据，求出允许误差极限：$F=K\times S=$ 肖维涅系数×考核数据平均误差。K 值是与测评人数 N 有关的值。在肖维涅判据表中，当 N 为 25 人时，K 为 2×23；当 N 为 33 人时，K 为 2×39；当 N 为 35 人时，K 为 2×45；当 N 为 40 人时，K 为 2×50；当 N 为 50 人，K 为 2×58。

第四步：剔除可疑的原始数据。将第 i 项考核内容的每一个数据与该项平均分值差的绝对值与允许误差极限值进行比较，即 X_i-X-F。如果结果小于零，则为可靠值；如果大于零，则认为该数据是可疑数据，必须剔除。该可疑数据剔除后，对其余数据再按如上程序重新计算出新的平均分值、平均误差、允许误差极限值后，再进行 X_i-X-F 比较，剔除可疑数据……如此循环，直至没有可疑数据为止。剔除原始数据中的所有可疑数据后，剩下来的数据与平均分值差的绝对值都小于允许误差极限值，此时，重新计算得到的平均分值，即为被考核者第 i 项修正分。

X_i＝[1/(被测评总人数－被剔除掉的可疑数据的个数)]

×所有可靠数据和

通过以上四个步骤,可以求出被考核者任意一项考核内容的修正分。另外,对于通过定量考核方法得到的结果,也可以采用数据统计方法进行计算,只不过计算前要把相对应的等级转化成分值,如将优秀、优良、良好、较好、及格、较差、差、很差分别设为100、90、80、70、60、50、40、30分后,再运用统计方法进行计算、校正。

第二节　指标的标准设定与统计

由于各指标的量纲与取值范围不同,因而必须对各指标数值进行无量纲化处理,即进行指标数值的标准化。目前,我国大部分城市处在经济快速发展的时期,根据这一特点我们将评价指标分为两类:一类是国家有统一的标准,对于这类指标将按国家标准规定进行设置;另一类为国家未统一规定的指标,这类指标的标准将以全国的平均值为标准进行设置。后者又可分为顺指标、逆指标和适度指标三类,其中由于适度指标的评价标准具有对称性,可以以对称点为中心,将其划为顺指标或逆指标。

(1)顺指标

当 $j=1$ 时

$$r_{ij}=\begin{cases}1 & u_i\leqslant v_{i1}\\ \dfrac{u_i-v_{i2}}{v_{i1}-v_{i2}} & v_{i1}<u_i\leqslant v_{i2}\\ 0 & u_i\geqslant v_{i2}\end{cases}\tag{4-1}$$

当 $j=2,3,\cdots,n-1$ 时

$$r_{ij}=\begin{cases}0 & u_i\leqslant v_{ij-1},u_i\geqslant v_{ij+1}\\ \dfrac{u_i-v_{ij-1}}{v_{ij}-v_{ij-1}} & v_{ij-1}<u_i\leqslant v_{ij}\\ \dfrac{u_i-v_{ij+1}}{v_{ij}-v_{ij+1}} & v_{ij}<u_i\leqslant v_{ij+1}\end{cases}\tag{4-2}$$

当 $j=n$ 时

$$r_{ij}=\begin{cases}0 & u_i\leqslant v_{in-1}\\ \dfrac{u_i-v_{in-1}}{v_{in}-v_{in-1}} & v_{in-1}<u_i\leqslant v_{in}\\ 1 & u_i\geqslant v_{in}\end{cases}\tag{4-3}$$

(2)逆指标

当 $j=1$ 时

$$r_{ij}=\begin{cases}1 & u_i\geqslant v_{i1}\\ \dfrac{u_i-v_{i2}}{v_{i1}-v_{i2}} & v_{i2}<u_i<v_{i1}\\ 0 & u_i\leqslant v_{i2}\end{cases}\tag{4-4}$$

当 $j=2,3,\cdots,n-1$ 时

$$r_{ij}=\begin{cases}0 & u_i\geqslant v_{ij-1},u_i\leqslant v_{ij+1}\\ \dfrac{u_i-v_{ij-1}}{v_{ij}-v_{ij-1}} & v_{ij}\leqslant u_i\leqslant v_{ij-1}\\ \dfrac{u_i-v_{ij+1}}{v_{ij}-vij+1} & v_{ij+1}<u_i<v_{ij}\end{cases}\tag{4-5}$$

当 $j=n$ 时

$$r_{ij}=\begin{cases}0 & u_i\geqslant v_{in-1}\\ \dfrac{u_i-v_{in-1}}{v_{in}-v_{in-1}} & v_{in}\leqslant u_i\leqslant v_{in-1}\\ 1 & u_i\leqslant v_{in}\end{cases}\tag{4-6}$$

评价指标体系建立后，还要将各指标划分标准等级来区别达到的水平及其差异，通常划分为三级或四级，可用百分制或优、良、

中、差等评定方法。在对服务型政府的绩效评价过程中，我们主要从经济、文化、社会、服务等四大方面对服务型政府进行评价，因此将政府的评价指标划分为四个不同的分支。通过分析目前国家的发展状况以及人民群众对政府的需求，将不同的评价指标划分为不同的等级，分别定义为优秀、良好、一般、较差、很差。指标的等级标准见表 4-1。

表 4-1　　　　指标等级标准表

维度	经济绩效							服务绩效	
	经济增长				经济调节			能源利用	
	GDP（亿元）	人均GDP（元）	城镇居民人均收入（元）	城市居民人均住房面积（平方米）	城市恩格尔系数（%）	城镇登记失业率（%）	城镇居民消费价格指数（%）	单位国内生产总值能耗（t/万元）	能源消费弹性系数
优秀	7000↑	60000↑	3000↑	35↑	30↓	2.8↓	100↓	1.0↓	1.0↓
良好	6500～7000	55000～60000	2600～3000	30～35	30～40	2.8～3.0	100～105	1.0～1.2	1.0～1.15
一般	6000～6500	50000～55000	2200～2600	25～30	40～50	3.0～3.2	105～110	1.2～1.4	1.15～1.3
较差	5500～6000	45000～50000	1800～2200	20～25	50～59	3.2～3.4	110～115	1.4～1.6	1.3～1.45
很差	5500↓	45000↓	1800↓	20↓	59↑	3.4↓	115↑	1.6↑	1.45↑

续表

	服务绩效								
	固定资产投资		科技事业			教育事业		文化事业	
	社会固定资产投资占GDP比例(%)	房屋建筑面积竣工率(%)	R&D经费支出占GDP比例(%)	专利申请量(件)	高新技术产品出口占出口的比重(%)	财政预算内教育经费支出相当于GDP比例(%)	普通高等学校生师比	每百万人拥有公共图书馆数(个)	每百万人拥有博物馆数(个)
优秀	70↑	85↑	5.5↑	20000↑	10.0↑	5.0↑	33↑	2.0↑	1.2↑
良好	66～70	80～85	5.0～5.5	17000～20000	8.5～10.0	4.5～5.0	28～33	1.6～2.0	1.0～1.2
一般	62～66	75～80	4.5～5.0	14000～17000	7.0～8.5	4.0～4.5	23～28	1.2～1.6	0.8～1.0
较差	58～62	70～75	4.0～4.5	11000～14000	5.5～7.0	3.5～4.0	18～23	0.8～1.2	0.6～0.8
很差	58↓	70↓	4.0↓	11000↓	5.5↓	3.5↓	18↓	0.8↓	0.6↓

续表

	服务绩效		内部绩效					社会绩效	
	医疗卫生事业		财务			内部管理		社会和谐	
	每千人拥有医生数（个）	每千人拥有医院床位数（张）	财政收入增长速度（%）	利用外资实际到位金额（亿元）	行政管理费用占财政支出的比例（%）	业务受理和处理量（个）	腐败案件涉案人数（个）	刑事案件发生数（个）	交通事故发生数（起）
优秀	3.0↑	5.0↑	60.0↑	↑	17.0↑	6000↑	300↓	50000↓	1000↓
良好	2.5～3.0	4.5～5.0	55.0～60.0		15.0～17.0	5500～6000	300～400	50000～55000	1000～1500
一般	2.0～2.5	4.0～4.5	50.0～55.0		13.0～15.0	5000～5500	400～500	55000～60000	1500～2000
较差	1.5～2.0	3.5～4.0	45.0～50.0		11.0～13.0	4500～5000	500～600	60000～65000	2000～25000
很差	1.5↓	3.5↓	45.0↓	↓	11.0↓	4500↓	600↑	65000↑	2500↑

续表

<table>
<tr><th rowspan="3"></th><th colspan="8">社会绩效</th></tr>
<tr><th>社会和谐</th><th colspan="3">生态环境</th><th colspan="4">社会保障</th></tr>
<tr><th>年度集体上访次数（次）</th><th>城市人均绿地面积（平方米）</th><th>空气质量达到二级或高于二级的天数（天）</th><th>城市绿化覆盖率（%）</th><th>城市污水处理率（%）</th><th>城镇基本医疗保险参保率（%）</th><th>城镇失业保险参保率（%）</th><th>农村养老保险参保率（%）</th></tr>
<tr><td>优秀</td><td>1400↓</td><td>16.0↑</td><td>350↑</td><td>45.0↑</td><td>80.0↑</td><td>98.0↑</td><td>97.0↑</td><td>98.0↑</td></tr>
<tr><td>良好</td><td>1400～1800</td><td>14.0～16.0</td><td>330～350</td><td>43.0～45.0</td><td>75.0～80.0</td><td>95.0～98.0</td><td>95.0～97.0</td><td>96.0～98.0</td></tr>
<tr><td>一般</td><td>1800～2200</td><td>12.0～14.0</td><td>310～330</td><td>41.0～43.0</td><td>70.0～75.0</td><td>92.0～95.0</td><td>93.0～95.0</td><td>94.0～96.0</td></tr>
<tr><td>较差</td><td>2200～2600</td><td>10.0～12.0</td><td>290～310</td><td>39.0～41.0</td><td>65.0～70.0</td><td>89.0～92.0</td><td>91.0～93.0</td><td>92.0～94.0</td></tr>
<tr><td>很差</td><td>2600↑</td><td>10.0↓</td><td>290↓</td><td>39.0↓</td><td>65.0↓</td><td>89.0↓</td><td>91.0↓</td><td>92.0↓</td></tr>
</table>

第三节　不同指标的综合评价模型

根据目前的研究分析，当前的评价方法主要包括层次分析法、模糊综合评判法、聚类分析法、物元分析法和灰色评价法等。每一种评价法都有各自的优缺，详见表 4-2。

表 4-2　　评价方法的比较

名称	优点	缺点
层次分析法	1.系统性：可用于对无结构特性的系统评价以及多目标、多准则、多时期等的系统评价 2.决策方法简单实用 3.所需定量数据较少	1.定量数据较少，定性成分多，不易令人信服 2.指标过多时数据统计量大，且权重难以确定 3.判断矩阵的求解比较复杂
模糊综合评价法	1.评价结果为向量的形式，能够准确描述指标的隶属度 2.能够从层次的角度分析复杂对象，层次越多，结构越复杂，评价效果越理想 3.模糊评价的权重数量是可以调整的	1.对于评价因素间的信息重叠问题不能很好地解决 2.权重确定的过程中人为定权，灵活性较大，主观因素较重
灰色评价法	灰色评价方法不受信息的约束，能够在信息不完全的情况下对所要分析研究的各因素，通过一定的数据处理，找到主要因素和推动性因素以及它们对系统发展的影响	指标权重的确定不够精准

根据服务型政府这一评价对象的特点，人民群众认为政府作为社会的管理和指挥中心应该确保其工作得到良好的监督，因此当我们进行绩效评价方法的选择时，要做到严格精细，减少主观因素的存在。

通过分析可以看出，在具体操作过程中，各项指标的权重分配或多或少地会被人为因素所干扰；同时，在以上三种综合评价方法中,作为其中一个很重要问题的权重问题,大都是通过专家咨询、专家评议等方法得出的,这样一来,传统的综合评价方法在实际应用中,还摆脱不了评价过程中的随机性、评价专家主观上的不确定性和认识上的模糊性。所以,为了规避一些主观和随机的因素,尽可能客观地评价政府绩效,我们在本文中选择神经网络的综合评价方法。

人工神经网络是在现代神经科学研究成果的基础上,依据人脑基本功能特征,试图模仿生物神经系统的功能或结构而发展起来的一种新型信息处理系统或计算体系。它不是真实神经系统的拷贝,而仅是其数学抽象及粗略的逼近和模仿。从本质上来说,这是一类由大量信息处理单元通过广泛连接而构成的动态信息处理系统。这种系统在处理各种模糊、随机、量大、低精度信息等方面具有其独特的功能。

尽管人工神经网络只是人脑的低级近似,但是神经网络不同于一般的计算机和人工智能,它的很多特点和人类的智能相似。单个神经单元的功能很弱,但是大量的神经元集体的、并行的活动处理功能却十分强大。

人工神经网络模型方法的优点在于:能对大量的专家评价结果进行学习,把专家头脑中的评价方法量化、具体化,并把它应用到实际评价中去,减少人的非理性因素对评价的影响,在人的思维方式与简洁的数学公式之间寻求均衡点;能不断地对新的样本进行学习(学习新知识),不断改进自己的评价方法,以动态地调整适应技术、经济的不断发展对评价对象的影响。

综上所述,本文选择运用人工神经网络的原理建立政府绩效评价模型,在正确分析判断政府的实际绩效水平、促进政府改善管理、建立激励和约束机制等方面的基础上建立一套行之有效的评价系统。

一、人工神经网络的基本概念

人工神经网络(Artificial Neural Networks,ANNs),亦称为"神经网络"(Neural Networks,NNs),是由大量处理单元(神经元Neurons)广泛互连而成的网络,是对人脑的抽象、简化和模拟,反映人脑的基本特征。人工神经网络的研究是从人脑的生理结构出发来研究人的智能行为,模拟人脑信息处理的能力。它是根植于神经科学、数学、统计学、物理学、计算机科学及工程学等学科的一种技术。

神经元是神经网络系统最基本的组成部分。一般来说,神经元模型包括三个要素:一组突触或联结(或者称为"权值")、具有反映生物神经元时空整合功能的输入信号累加器和用于限制神经元输出的激励函数。一个单输入神经元如图 4-1 所示:标量输入 p 乘以标量权值 w 得到 wp,再将其送入累加器。另一个输入 1 乘以偏置值 b,再将其送入累加器。累加器输出 n 通常被称为"净输入",它被送入一个传输函数 f,在 f 中产生神经元的标量输出 a。神经元输出按下式计算:$a=f(wp+b)$。实际输出取决于所选择的特定传输函数。偏置值可以忽略,它很像一个权值;w 和 b 是神经元的可调整标量参数,设计者可以选择特定的输入函数,在一些学习规则中调整参数 w 和 b,以满足特定的需要。

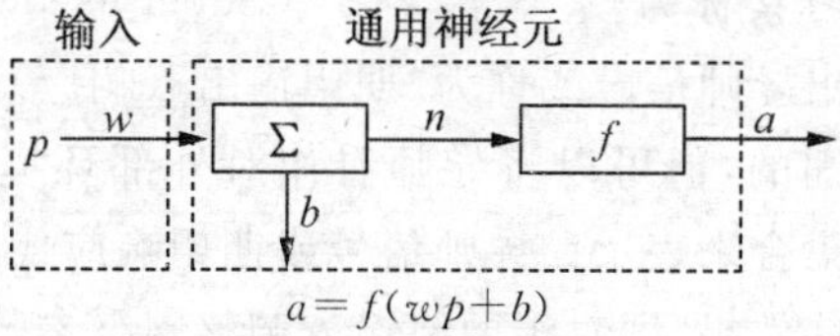

图 4-1　神经网络系统

神经元可分为输入单元、输出单元和隐含单元。输入单元从外界环境接受信息,输出单元则给出神经网络系统对外界环境的作用。这两类处理单元与外界都有直接联系。隐含单元则处于神经网络系统之中,并不与外界环境产生直接联系。它从网络内部接受输入信息,所产生的输出则只作用于神经网络系统中的其他处理单元。隐含单元在神经网络系统中起着极为重要的作用。不同条件下,神经元具有不同状态,从而使得神经网络系统具有记忆功能。

神经元通过相互连接形成一个称为"神经网络互连模式"的网络拓扑。不同的神经网络模型都对神经网络的结构和互连模式有一定的要求和限制。神经网络从其外部环境接受信息,对信息加工处理之后又返回到其所处的环境中去。各个神经元的连接并不只是一个传输信号的通道,而是在每个神经元之间的连接上有一个加权系数,这个加权系数起着生物神经系统中神经元的突出强度的作用。它可以加强或减弱上一个神经元的输出对下一个神经元的刺激。这些加权系数可以根据经验或通过学习来改变。人工神经网络的工作过程可分为学习和测试两个阶段。神经网络系统通过改变这些加权系数来实现学习过程。在测试运行阶段,给定新的输入,网络即能计算得到相应的输出。

二、人工神经网络的学习方式

1. 有导师学习

有导师学习又称为"有监督学习"(Supervised Learning),在学习时需要给出导师信号或称为"期望输出"(响应)。神经网络对外部环境是未知的,但可以将导师看作对外部环境的了解,由输入—输出样本集合来表示。导师信号或期望响应代表了神经网络执行情况的最佳效果,即对于网络输入调整网络参数,使得网络输出逼近导师信号或期望响应。

2. 无导师学习

无导师学习包括强化学习（Reinforcement Learning）与无监督学习（Unsupervised Learning）或称为“自组织学习”（Self-organized Learning）。在强化学习中，对输入输出映射的学习是通过与外界环境的连续作用最小化性能的标量索引而完成的。在无监督学习或称为“自组织学习”中，没有外部导师或评价来统观学习过程，而是提供一个关于网络学习表示方法质量的测量尺度，根据该尺度将网络的自由参数最优化。一旦网络与输入数据的统计规律性达成一致，就能够形成内部表示方法来为输入特征编码，并由此自动得出新的类别。

三、人工神经网络的功能和特点

1. 自学习功能

前文曾经提出，神经网络的工作过程分为学习和测试阶段，神经网络系统通过改变这些加权系数来实现学习过程。神经网络在不断地与外界交互作用过程中不断积累知识和经验，将环境信息逐步存储于神经网络系统中，从而获得了知识。自学习功能对于预测有特别重要的意义。预计未来的人工神经网络计算机将为人类提供经济预测、市场预测、效益预测，其前途是很远大的。

2. 容错性

神经网络的容错性体现在一些处理单元损坏时，系统仍能正常工作，正像人脑那样，神经细胞的正常死亡，并不影响大脑的功能。

3. 分布存储功能

神经网络的存储功能是通过神经元及其互连状态实现的。信息分布存储在整个网络连线的权系数上，每个权系数又涉及或记录着不同的知识。

4. 联想功能

联想功能可以在神经网络的反馈网络中得以实现。例如，在神经网络中输入一个不完整的图像信息，神经网络就可以联想出存储在其中的完整的图像信息。

5. 迅速寻找最优解功能

利用反馈型人工神经网络，发挥计算机的高速运算能力，可能很快找到优化解。

四、人工神经网络的应用

神经网络的自学习、存储、联想、迅速寻找最优解功能和容错性的特点决定了其广泛的应用领域和广阔的应用前景。目前，神经网络已经在模式识别、信号处理、自动控制、人工智能、优化计算、通信、运输和市场分析等领域有了广泛的应用。

神经网络在企业和政府绩效评价中也得到了广泛的应用。目前，理论上已经证明，一个三层 BP 网络可以以任意精度去逼近任意映射关系。人工神经网络技术在解决多指标综合评价问题上有其特有的优势，可以从案例中学习，从数据中提取特征，在新的情况或信息不准确、不完备情况下，依然能够推理；通过计算机可以实现快速、大量处理信息；对分类问题的解决极为擅长；是解决政府各项评价问题的理想工具；特别是它可以用现成的计算机软件(如 Matlab)来进行模拟和计算。神经网络技术可以较好地解决政府绩效评价这类多因素、不确定性和非线性问题。本研究试图建立一套完备的政府绩效评价指标体系和神经网络模型，实现对政府绩效的客观评价。

五、基于 BP 神经网络的政府绩效评价模型的构建

成功的神经网络模型及算法有多种，但目前最常用的是前向人工神经网络模型和 BP 算法。前向人工神经网络模型具有很好

的函数逼近能力，通过对训练样本的学习，能很好地反映出对象的输入/输出之间的复杂的非线性关系。前向人工神经网络分为输入层、隐含层和输出层。层与层之间采用全互连方式，同层单元间无相互连接。BP算法的学习过程由前向传播和误差逆向传播过程组成，体现了人工神经网络最精华的部分。BP网络可以以任意精度逼近任意连续函数，所以广泛应用于非线性建模、函数逼近和模式分类等方面。因此，本研究也选择BP网络建立模型对政府绩效进行评价。

BP神经网络是人工神经网络的一个典型模型，全称是"反向传播模型"(Back-propagation)，是一种多层感知器结构，由若干层神经元组成，网络不仅有输入层节点和输出层节点，而且还可以有一层或多层隐含层节点。一个典型的具有输入、输出和隐含层的BP神经网络模型如图4-2所示。

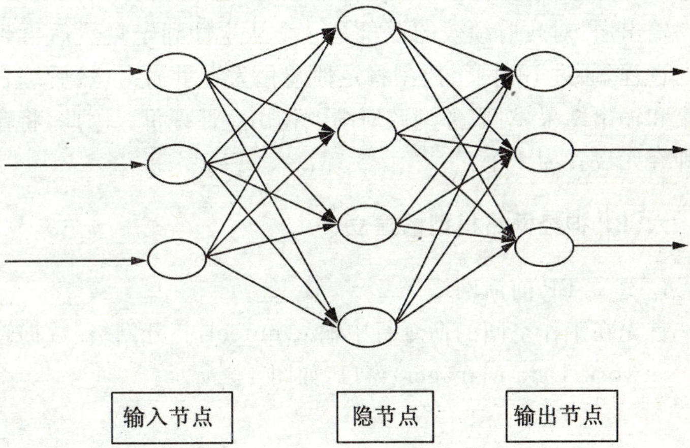

图4-2　BP神经网络模型

输入层：根据政府评价指标体系，将最低层指标数作为输入层神经元数。在本研究中，由指标体系的建立得出，输入层节点数为13个。

隐含层：隐含层神经元数的选取关系到整个BP网络的精确度和学习效率。隐含层单元数的选择是一个十分复杂的问题，因为隐含层单元数的选择没有很好的解析式可用来表示，隐单元数的选择与问题的要求和输入/输出单元的多少都有直接的关系。如果单元数过少，网络不强壮，不能识别以前没有看到的样本，容错性差；但隐单元数太多又使学习时间过长，误差也不一定最佳。因此存在一个最佳的隐单元数。隐含层节点的数目选择与需解决的实际问题、输入/输出单元都有关系，但目前没有一个较好的定论，因此只能依赖经验公式：

$$n_1 = \sqrt{n+m} + a \tag{4-7}$$

其中：n_1 为隐含层节点数；n 为输入层节点数；m 为输出层节点数；a 为1～10的常数。

输出层：对政府绩效的评价是一个从定性到定量然后再到定性的过程，通过BP网络模型将定性转化为定量输出，然后综合评价集和输出结果，对服务型政府绩效作出定性评价。因此，将输出层神经元设置为1个。

六、BP神经网络模型的建立

1. 建立BP前馈网络

首先在工作空间的命令行中输入nntool，打开网络/数据管理器(Network/Data Manager)窗口，如图4-3所示。

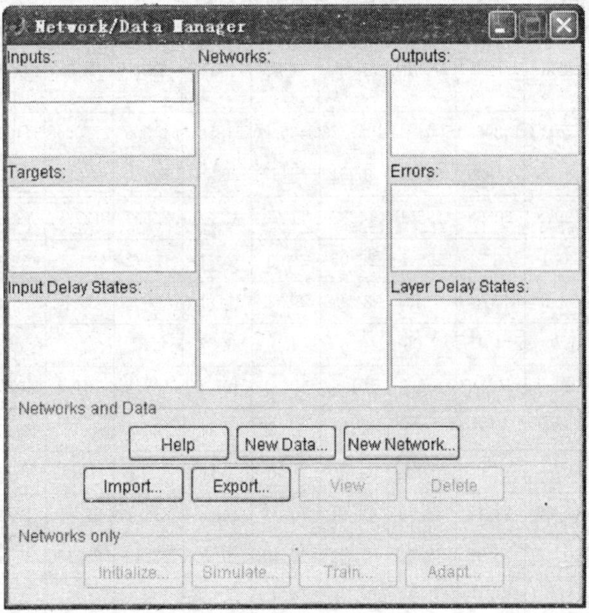

图 4-3　网络/数据管理器窗口

(1)设定输入值(Inputs)和目标值(Targets)

根据各城市的统计公报和统计年鉴,整理全国有代表性的 10 个城市 2006 年的指标值,经整理后的样本数据指标值见表 4-3。

表 4-3　　　　整理后的样本数据指标值

维度	分指标	北京	上海	广州	天津	重庆	济南	深圳	成都	杭州	武汉
经济质量	A11	7720.3	10296.9	6068.41	4337.73	3486.20	2185.1	5813.56	2750.48	3440.99	2590
	A12	49505	75990	63100	40961	12437	36394	69450	23296	51871	29500
	A13	19978	20668	19851	14283	11570	15340	22567	12789	19027	12360
	A14	20.1	16	19.45	26.05	24.3	20.1	19.72	24.3	20.97	26.86
	A15	30.8	35.6	37	34.9	36.3	31.1	33.3	33.9	33.3	38.8
	A16	1.98	4.4	2.06	3.6	4.0	3.87	2.31	2.8	3.71	4.51
	A17	100.9	101.2	102.3	101.5	105.4	100.9	102.2	101.5	101.2	101
服务质量	A21	0.76	0.87	0.75	1.07	1.42	1.23	0.59	0.98	0.87	0.79
	A22	0.54	0.95	0.65	0.69	1.96	1.17	0.75	1.17	0.69	1.35
	A23	43.67	38.12	27.95	42.64	70.33	46.53	21.91	69.06	42.45	51.1
	A24	30.47	29.93	26.54	37.62	25.10	39.72	27.19	25.15	35.87	48.3
	A25	5.8	2.5	1.7	2.18	1.2	1.58	3	1.25	2.42	2.08
	A26	26555	36000	12296	13299	6471	8223	29728	9024	5721	8125
	A27	68.1	39	18.99	49.72	22.15	10.50	45.07	13.53	25.90	22.8
	A28	4.59	2.00	0.86	1.88	2.29	0.80	1.37	1.00	0.22	0.93
	A29	17	14	16.22	15	17.08	16.88	12.41	14.68	17.48	18.4
	A210	1.58	2.05	1.44	2.98	1.57	1.33	68.17	0.18	1.95	2.08
	A211	8.41	7.75	3.08	1.67	0.57	1.33	2.24	1.18	1.80	1.83
	A212	4.39	3.33	3.6	2.36	1.34	2.54	2.06	2.45	2.70	2.61
	A213	6.3	6.90	5.6	4.06	2.31	4.59	1.91	4.44	5.10	4.75

续表

维度	分指标	北京	上海	广州	天津	重庆	济南	深圳	成都	杭州	武汉
内部质量	A31	21.5	11.6	15.1	27.6	3.05	21.7	21.5	32.1	19.9	29
	A32	45.5	71.07	29.23	41.31	6.96	6.34	71.07	7.6	22.55	20.0
	A33	5.95	4.45	7.38	9.99	5.92	3.81	8.9	4.84	11.44	9.37
	A34										
	A35	363	524		473	646					
社会质量	A41	120554	139060	94775		88203	31282				53456
	A42	5808	6584	7829	4913	9458	1034		5578		2808
	A43	1506									
	A44	12	11.5	12.02	8.88	8.83	9.1	16.1	9.22	11.55	9.32
	A45	241	324	334	305	287	307	359	301	299	273
	A46	42.5	37.3	36.79	37	25	39.2	45	36.46	38.14	32.26
	A47	90	71	76.22	75	70	63.25	65.2	79.3	77	71.1
	A48	679.5	730.67	307.2	329.4	255.1	82.62	252.9	235.9	208.5	196
	A49	482.2	476.41	241.82	216.7	193.01	66.67	159.48		145.77	91.2
	A410	604.1	772.41	215.0	328.2	316.8	105.4	425.9	209.1	253.3	183

采用归一化方法标准化后的样本数据指标值见表 4-4。

表 4-4　　标准化后的样本指标值

维度	分指标	北京	上海	广州	天津	重庆	济南	深圳	成都	杭州	武汉
经济质量	A11	0.682	1.000	0.479	0.265	0.160	0.000	0.447	0.070	0.155	0.050
	A12	0.583	1.000	0.797	0.449	0.000	0.377	0.897	0.171	0.620	0.268
	A13	0.765	0.827	0.753	0.247	0.000	0.343	1.000	0.111	0.678	0.072
	A14	0.378	0.000	0.318	0.925	0.764	0.378	0.343	0.764	0.458	1.000
	A15	0.000	0.600	0.775	0.513	0.688	0.038	0.313	0.388	0.312	1.000
	A16~	1.000	0.043	0.968	0.360	0.202	0.253	0.870	0.676	0.316	0.000
	A17~	1.000	0.933	0.689	0.867	0.000	1.000	0.711	0.867	0.933	0.889
服务质量	A21~	0.795	0.663	0.807	0.422	0.000	0.229	1.000	0.530	0.662	0.759
	A22~	1.000	0.711	0.923	0.894	0.000	0.556	0.852	0.556	0.894	0.430
	A23	0.449	0.335	0.125	0.428	1.000	0.508	0.000	0.974	0.424	0.604
	A24	0.231	0.208	0.062	0.538	0.000	0.629	0.090	0.002	0.463	1.000
	A25	1.000	0.283	0.109	0.213	0.000	0.083	0.391	0.011	0.265	0.191
	A26	0.688	1.000	0.217	0.250	0.025	0.083	0.793	0.109	0.000	0.079
	A27	1.000	0.495	0.147	0.681	0.202	0.000	0.600	0.053	0.267	0.214
	A28	1.000	0.407	0.146	0.380	0.474	0.133	0.263	0.178	0.000	0.162
	A29~	0.234	0.735	0.364	0.568	0.220	0.254	0.000	0.621	0.154	0.000
	A210	0.021	0.028	0.019	0.041	0.020	0.017	1.000	0.000	0.026	0.028
	A211	1.000	0.916	0.320	0.140	0.000	0.097	0.213	0.078	0.157	0.161
	A212	1.000	0.652	0.741	0.334	0.000	0.393	0.236	0.364	0.446	0.416
	A213	1.376	1.564	1.157	0.674	0.125	0.840	0.000	0.793	1.000	0.890

续表

维度	分指标	北京	上海	广州	天津	重庆	济南	深圳	成都	杭州	武汉
内部质量	A31	0.635	0.294	0.415	0.845	0.000	0.642	0.635	1.000	0.580	0.893
	A32	0.605	1.000	0.354	0.540	0.010	0.000	1.000	0.019	0.250	0.211
	A33~	0.720	0.916	0.532	0.190	0.723	1	0.333	0.865	0.000	0.271
	A34										
	A35~	363	524		473	646					
社会质量	A41—	12055	13906	94775		88203	31282				53456
	A42—	5808	6584	7829	4913	9458	1034		5578		2808
	A43—	1506									
	A44	0.436	0.367	0.439	0.000	0.000	0.037	1.000	0.054	0.374	0.067
	A45	0.060	0.703	0.788	0.542	0.390	0.559	1.000	0.508	0.492	0.271
	A46	0.875	0.615	0.590	0.600	0.000	0.710	1.000	0.573	0.657	0.363
	A47	1.000	0.290	0.485	0.439	0.252	0.000	0.073	0.600	0.514	0.293
	A48	0.921	1.000	0.347	0.381	0.266	0.000	0.263	0.237	0.194	0.175
	A49	1.000	0.986	0.422	0.361	0.304	0.000	0.223	0.050	0.190	0.059
	A410	0.747	1.000	0.164	0.334	0.317	0.000	0.481	0.155	0.222	0.116

由表 4-4 可得输入值(Inputs)矩阵为:

$P=[$0.682 1.000 0.479 0.265 0.160 0.000 0.447 0.070 0.155 0.050;

0.583 1.000 0.797 0.449 0.000 0.377 0.897 0.171 0.620 0.268;

0.765 0.827 0.753 0.247 0.000 0.343 1.000 0.111 0.678 0.072;

0.378 0.000 0.318 0.925 0.764 0.378 0.343 0.764

0.458 1.000;

0.000 0.600 0.775 0.513 0.688 0.038 0.313 0.388 0.312 1.000;

1.000 0.043 0.968 0.360 0.202 0.253 0.870 0.676 0.316 0.000;

1.000 0.933 0.689 0.867 0.000 1.000 0.711 0.867 0.933 0.889;

0.795 0.663 0.807 0.422 0.000 0.229 1.000 0.530 0.662 0.759;

1.000 0.711 0.923 0.894 0.000 0.556 0.852 0.556 0.894 0.430;

0.449 0.335 0.125 0.428 1.000 0.508 0.000 0.974 0.424 0.604;

0.231 0.208 0.062 0.538 0.000 0.629 0.090 0.002 0.463 1.000;

1.000 0.283 0.109 0.213 0.000 0.083 0.391 0.011 0.265 0.191;

0.688 1.000 0.217 0.250 0.025 0.083 0.793 0.109 0.000 0.079;

1.000 0.495 0.147 0.681 0.202 0.000 0.600 0.053 0.267 0.214;

1.000 0.407 0.146 0.380 0.474 0.133 0.263 0.178 0.000 0.162;

0.234 0.735 0.364 0.568 0.220 0.254 0.000 0.621 0.154 0.000;

0.021 0.028 0.019 0.041 0.020 0.017 1.000 0.000 0.026 0.028;

1.000 0.916 0.320 0.140 0.000 0.097 0.213 0.078

0.157 0.161;

1.000 0.652 0.741 0.334 0.000 0.393 0.236 0.364 0.446 0.416;

1.376 1.564 1.157 0.674 0.125 0.840 0.000 0.793 1.000 0.890;

0.635 0.294 0.415 0.845 0.000 0.642 0.635 1.000 0.580 0.893;

0.605 1.000 0.354 0.540 0.010 0.000 1.000 0.019 0.250 0.211;

0.720 0.916 0.532 0.190 0.723 1.000 0.333 0.865 0.000 0.271;

0.436 0.367 0.439 0.000 0.000 0.037 1.000 0.054 0.374 0.067;

0.000 0.703 0.788 0.542 0.390 0.559 1.000 0.508 0.492 0.271;

0.875 0.615 0.590 0.600 0.000 0.710 1.000 0.573 0.657 0.363;

1.000 0.290 0.485 0.439 0.252 0.000 0.073 0.600 0.514 0.293;

0.921 1.000 0.347 0.381 0.266 0.000 0.263 0.237 0.194 0.175;

1.000 0.986 0.422 0.361 0.304 0.000 0.223 0.050 0.190 0.059;

0.747 1.000 0.164 0.334 0.317 0.000 0.481 0.155 0.222 0.116]。

在网络/数据管理器(Network/Data Manager)窗口中点击新建数据(New Data…)按钮，出现生成新数据(Create New Data)窗口。新建的数据名称(Name)为 data1，数据类型(Data Type)选择输入变量(Inputs),数据值(Value)与上面的输入矩阵 P 相同,如图 4-4 所示。最后点击新建(Create)按钮完成新建输入值的操作。

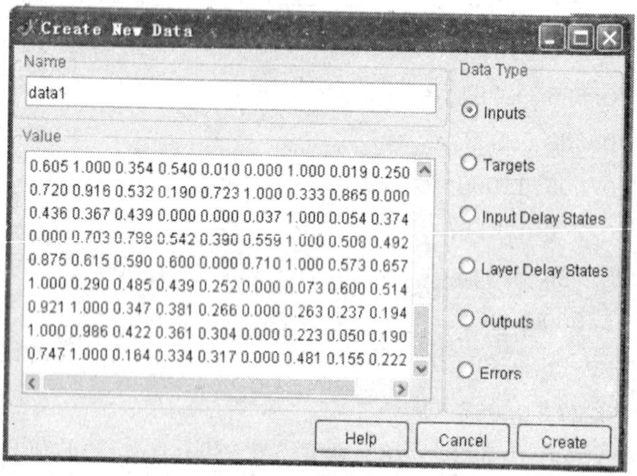

图 4-4　新建输入数据

根据专家的精确评定,得出目标值(Targets)矩阵为:

$t=[0.735\ 0.720\ 0.718\ 0.605\ 0.514\ 0.506\ 0.701\ 0.538\ 0.568\ 0.521]$。

同样,在网络/数据管理器(Network/Data Manager)窗口中点击新建数据(New Data…)按钮,出现生成新数据(Create New Data)窗口。新建的数据名称(Name)为 data2,数据类型(Data Type)选择目标变量(Targets),数据值(Value)与上面的目标值矩阵 t 相同,如图 4-5 所示。最后点击新建(Create)按钮完成新建目标值的操作。

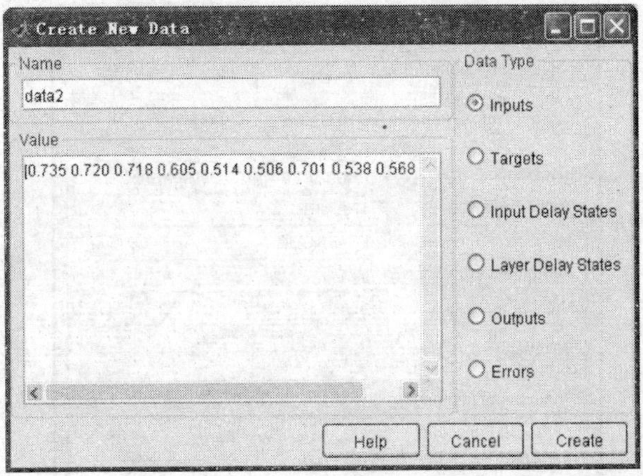

图 4-5　新建目标数据

(2)建立网络(Network)

点击新建网络(New Network…)按钮,出现新建网络(Create New Network)窗口,在网络名(Network Name)中输入 network1;点击网络类型(Network Type)右边的下拉箭头,选择网络类型为 Feed-forword backprop(默认值);点击输入值范围(Input Ranges)后面的下拉箭头选择 data1,从而确定输入范围;在训练函数(Training function)后面的下拉框中选择 TRAINRP 作为训练函数;本文所建立的模型为三层模型,所以在层数(Number of layers)框中填入数字 3;然后填写每一层的神经元数目(Number of neurons)并选择合适的传递函数(Transfer Function),本文中选择隐含层节点数为 10,分别如图 4-6 和图 4-7 所示。最后点击新建(Create)按钮完成新建神经网络的操作。

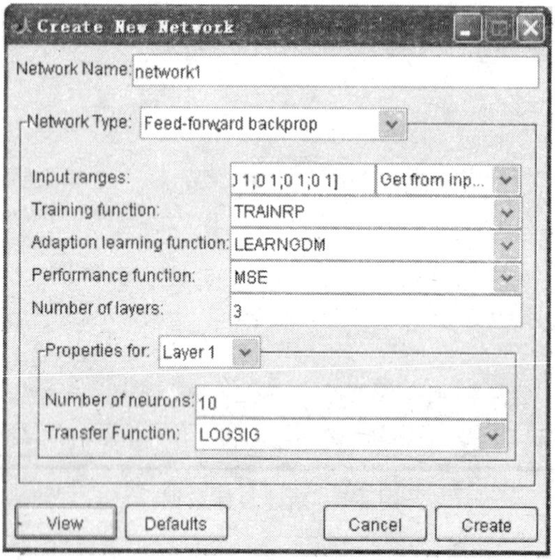

图 4-6　网络第一层属性值

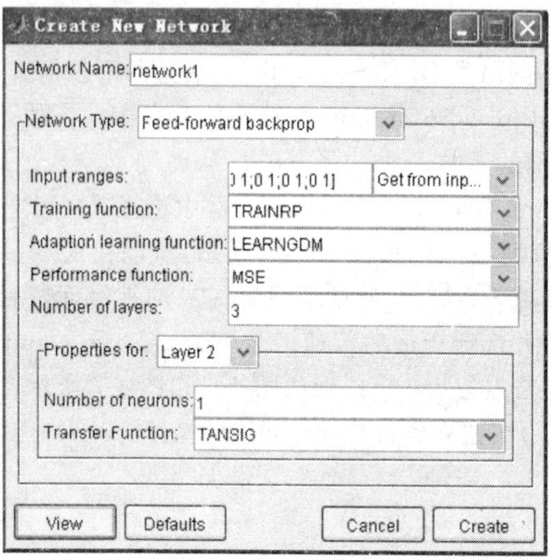

图 4-7　网络第二层属性值

(3)训练网络

在网络/数据管理器(Network/Data Manager)窗口中的网络(Networks)栏中点击名称为 network1 的神经网络,然后点击训练(Train…)按钮,在弹出的窗口中选择训练(Train)选项卡。在训练信息(Training Info)选项页中的输入(Inputs)下拉框中选择 data1,在目标值(Targets)下拉框中选择 data2;在训练参数(Training Parameters)选项卡中的步数(epochs)中填写 10000,误差目标(goal)中填写 0.00001,其他为默认值即可。如图 4-8 和图 4-9 所示。

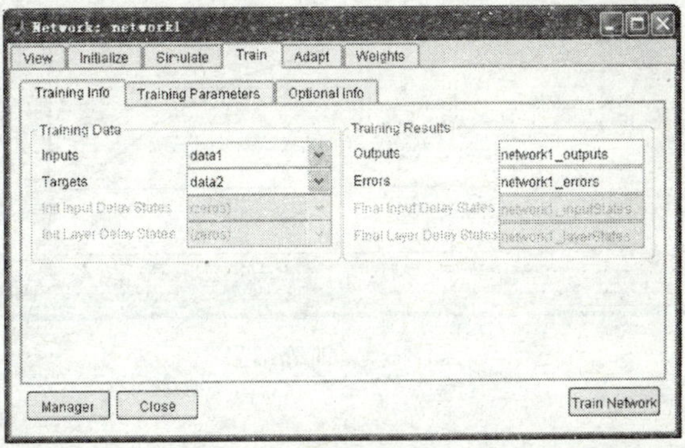

图 4-8　训练信息选项卡

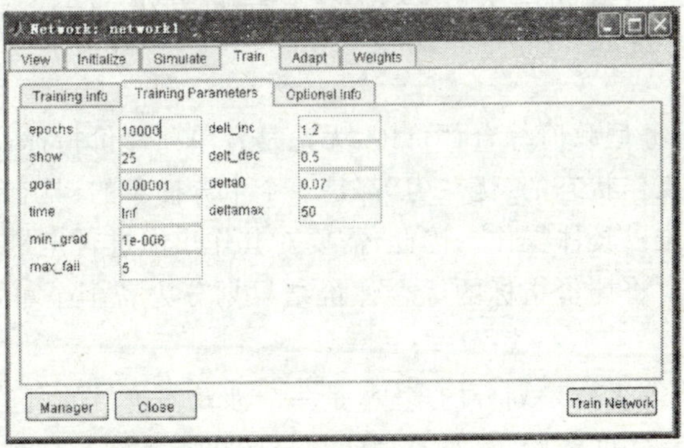

图 4-9　训练参数选项卡

点击训练网络(Train Network)按钮对神经网络进行训练。训练结果如图4-10所示。

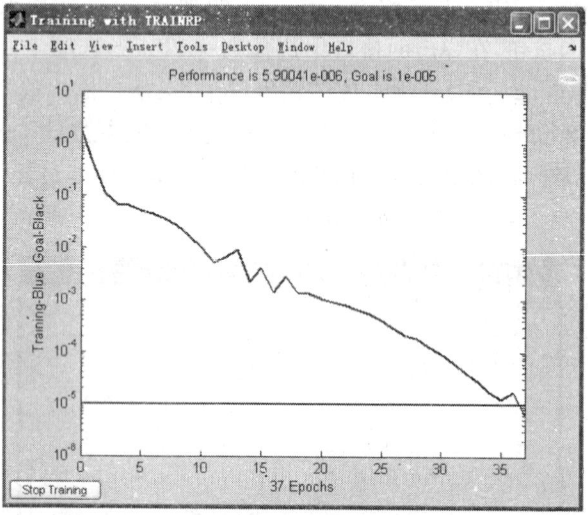

图4-10 训练结果

第四节 综合评价指标的等级划分

在服务型政府综合评价中,无论是各单项评价指标,还是整体系统,其工作状态的"优""劣"都是一个十分抽象的、具有模糊特性的概念,难以具体操作。因此,需要对其作出能进行定量表述的处理,即需要将评价指标的综合评价结果划分为若干个可度量的评价等级。

评价等级数量划分的多少,是一个涉及评价目的、已有方法或相应规范、实践经验、人类心理活动与认知能力等多方面因素的问题。若评价等级数量划分得过少，将失于粗略，难以全面、真实地反映评价对象的状态；若评价等级数量划分得过多，将过于烦琐，导致评价等级之间界限的确定难度和计算工作量加大。

常用的评价等级划分方法主要有两级、三级、四级和五级划分法。两级评价等级划分法适用于只需要对评价对象作出合格与否的判断，即 $V=\{$合格，不合格$\}$。三级评价等级划分法适用于需要对两级评价法中的“合格”或“不合格”作进一步的划分。如果为了突出或鼓励“好”的部分，则常将“合格”等级进一步划分为“优良”与“合格”两个等级，即 $V=\{$优良，合格，不合格$\}$；如果为了重视或强调“不好”的部分，则常将“不合格”等级进一步划分为“差”与“很差”两个等级。四级评价等级划分法一般适用于具有特殊性的评价对象。例如，我国将自然灾害程度划分为四级(特大灾、大灾、中灾、小灾)，$V=\{$优、良、中、差$\}$。五级评价等级划分法适用于需要对评价对象的状态作出更加细致的描述。例如，根据水利水电工程等级划分标准，我国将水利水电工程的等别划分为五等(Ⅰ等～Ⅴ等)，主要建筑物的级别划分为五级(一级～五级)。五级评价等级划分的一般模式为：$V=\{$优良，中等，合格，较差，差$\}$。

在本课题中，针对服务型政府这一综合评价指标，我们利用最大隶属度原则对综合评价指标进行等级的划分，其计算方法如下：设 $B=(b_1,b_2,\cdots,b_n)$，若 $b_r=\max\{b_k\}, k\in[1,m]$，则被评对象总体上来讲隶属于第 r 等级，这就是最大隶属度原则。因此我们将服务型政府绩效情况模糊处理后，分为五个等级，即{优秀、良好、一般、较差、很差}，并且规定：

$\alpha_i=0.0000\sim0.2600$ 为 1 级(政府绩效很差)；

$\alpha_i=0.2600\sim0.3500$ 为 2 级(政府绩效较差)；

$\alpha_i=0.3500\sim0.5500$ 为 3 级(政府绩效一般)；

$\alpha_i=0.5500\sim0.7200$ 为 4 级(政府绩效良好)；

$\alpha_i=0.7200\sim1.0000$ 为 5 级(政府绩效优秀)。

第五节 综合评价方法的实际应用

下面以基于人工神经网络的政府质量评价模型在青岛市、济南市和济宁市的政府质量考核中的应用为例。

根据青岛市2012年国民经济和社会发展统计公报以及青岛市2012年统计年鉴整理得出青岛市2010年、2011年、2012年相关指标的数值如表4-5、表4-6所示。

表4-5　　青岛、济南和济宁数据表

		经济绩效							服务绩效	
		经济增长				经济调节			能源利用	
		GDP（亿元）	人均GDD（元）	城镇居民人均（可支配）收入（元）	城市居民人均住房面积（平方米）	城市恩格尔系数（%）	城镇登记失业率（%）	城镇居民消费价格指数（%）	单位国内生产总值能耗（吨标准煤/万元）	能源消费弹性系数
济南	2010	3910.53	58533	22792	29.7	37.9	3.84	104	1.04	1.04
	2011	4406.29	64611	28892	30.3	37.1	3.61	105	1.01	0.96
	2012	4813	69899.93	32570	33.3	37.3	3.71	102.4	0.94	1.05
青岛	2010	5666.19	74357	24998	27.42	37.5	2.92	102.2	1.12	0.88
	2011	6615.60	75780	24998	27.67	37.6	2.95	105	1.08	1.45
	2012	7302	83786.88	28567.49	28.8	36.3	2.93	102.7	1.02	1.22
济宁	2010	2542.81	30686	19215	30.9	40.8	3.94	105.5	1.07	0.87
	2011	2896.69	34901	19650	33.7	39.2	3.35	104.9	0.95	0.94
	2012	3189	39463.12	22405.54	34.2	38.9	3.1	102.1	0.91	1.01

续表

		服务绩效									
		固定资产投资		科技事业			教育事业		文化事业		
		全社会固定资产投资相当于GDP比例(%)	房屋建筑面积竣工率(%)	R&D经费支出占GDP比例(%)	专利申请量(件)	高新技术产品出口占出口的比重(%)	财政预算内教育经费支出相当于GDP比例(%)	普通高等学校生师比	每百万人拥有公共图书馆数(个)	每百万人拥有博物馆数(个)	
济南	2010	64.9	75.54	3.7	9593	5.42	2.8	26.5	1.98	1.64	
	2011	67.1	82.36	4.1	11329	6.21	3.6	29.2	1.98	1.65	
	2012	69.1	86.54	4.9	23094	6.99	5.9	32.7	1.97	1.65	
青岛	2010	65.2	74.54	3.7	10742	7.54	2.5	27.1	1.70	1.18	
	2011	67.8	80.44	4.3	19816	7.91	3.9	28.4	1.69	1.17	
	2012	68.1	87.56	5.1	27009	8.64	5.7	31.5	1.70	1.17	
济宁	2010	57.3	60.9	3.2	3924	4.21	2.2	22.4	1.3	0.82	
	2011	60.2	64.4	3.8	6732	4.69	3.1	25.9	1.3	0.83	
	2012	66.7	72.2	4.7	8826	5.27	4.9	29.7	1.29	0.83	
济南	2010	2.52	4.28	42.1	57.5	12.5	3150	321	53290	774	
	2011	2.94	4.77	46.2	89.6	13.8	4527	372	53743	1084	
	2012	3.11	4.82	45.1	112.5	16.7	5183	484	50680	1455	
青岛	2010	2.26	4.71	51.2	65.4	12.8	3597	336	57245	1039	
	2011	2.32	4.72	55.7	102.5	13.4	4672	371	58231	1711	
	2012	2.44	4.78	58.1	142.4	15.9	5692	472	58951	2313	
济宁	2010	2.13	3.92	36.2	49.2	11.6	2872	286	46524	670	
	2011	2.16	4.11	40.7	67.5	12.9	3521	311	49531	954	
	2012	2.21	4.2	46.2	92.1	15.3	4480	412	49102	1280	

续表

		社会绩效							
		社会和谐	生态环境				社会保障		
		年度集体上访次数（次）	城市人均绿地面积（平方米）	空气质量达到二级或高于二级的天数（天）	城市绿化覆盖率（%）	城市污水处理率（%）	城镇基本医疗保险参保率（%）	城镇失业保险参保率（%）	农村养老保险参保率（%）
济南	2010	1601	11	278	37	60	90.4	91.5	85.5
	2011	1820	12.78	283	37	68	94.3	95.1	90.2
	2012	2013	12.93	292	37	75	97.2	97.2	96.4
青岛	2010	1595	14.5	331	43.58	64	91.7	90.9	87.1
	2011	1723	14.58	334	43.81	71	95.6	94.6	92.3
	2012	1998	14.58	337	43.94	78	97.9	96.7	98.4
济宁	2010	1256	10.9	305	37.2	55	85.3	89.1	82.2
	2011	1369	11.2	311	37.5	62	90.8	91.2	90.3
	2012	1710	11.8	327	37.52	70	95.1	93.8	95.8

表 4-6　　青岛市 2011 年指标值

维度	二级指标	三级指标	单位	青岛	标准化以后
经济质量	经济增长	地区生产总值(GDP)	亿元	6615.60	0.063
		人均 GDP	元	75780	0.377
		城镇居民人均(可支配)收入	元	24998	0.123
		城市居民人均住房面积	平方米	27.67	0.641
	经济调节	城市恩格尔系数	%	34.6	0.850
		城镇登记失业率	%	2.95	0.613
		城镇消费价格指数	%	105	0.689

续表

维度	二级指标	三级指标	单位	青岛	标准化以后
服务质量	能源利用	单位国内生产总值能耗	吨标准煤/万元	1.08	0.639
		能源消费弹性系数		1.45	0.676
	固定资产投资	固定资产投资相当于 GDP 比例	%	67.8	0.663
		房屋建筑面积竣工率	%	80.44	0.609
	科技事业	(R&D)经费支出占 GDP 比例	%	4.3	0.217
		专利申请量	件	19816	0
		高新技术产品出口占出口的比重	%	7.91	0.045
	教育事业	财政预算内教育经费占 GDP 比例	%	3.9	0.297
		普通高等学校生师比		28.4	0.190
	文化事业	每百万人拥有公共图书馆数	个	1.69	0.023
		每百万人拥有博物馆数	个	1.17	0.065
服务质量	医疗卫生事业	每千人拥有医生数	个	2.32	0.226
		每千人拥有医院床位数	张	4.72	0.696

续表

评价维度	二级指标	三级指标	单位	青岛	标准化以后
内部质量	财务	财政收入增长速度	%	55.7	1
		利用外资实际到位金额	亿元	102.5	0.467
		行政管理费用占财政支出比例	%	13.4	0
	内部管理	业务受理和处理量	个	4672	0.357
		腐败案件涉案人数	个	371	0.246
社会质量	社会和谐	刑事案件发生数	起	58231	0.312
		交通事故发生数	起	1711	0.225
		年度集体上访次数	次	1723	0.158
	生态环境	城市人均绿地面积	平方米	14.58	0.411
		空气质量达到二级或高于二级的天数	天	334	0.763
		城市绿化覆盖率	%	43.81	0.689
		城市污水处理率	%	71	0
	社会保障	城镇基本医疗保险参保率	%	196.4	0.180
		城镇失业保险参保率	%	155.58	0.092
		农村养老保险参保率	%	248.7	0.039

将标准化好的数据输入到综合评价系统中得到2010年、2011年、2012年青岛市的公共服务型政府绩效分别为0.62110、0.63214、0.64327。

同样，将济南和济宁的数据进行标准化处理之后，以上面的方式进行计算得到的结果分别为0.59012、0.61758、0.62001和0.58324、0.59981、0.60785。所以，以之前对综合评价等级的划分为依据，三个不同城市的公共服务型政府绩效都在不断地增加，说明我们当前政府的绩效质量在不断提高。

第六节　综合评价系统的系统实现

一、系统功能

参与本系统的角色分为管理员、部门人员和群众三大类。用到什么角色皆可由系统管理员根据需要添加并进行维护管理。系统主要包括评价因素体系管理、评价角色管理、指标评分管理、确定指标权重、评价结果查看等模块，如图 4-11 所示。

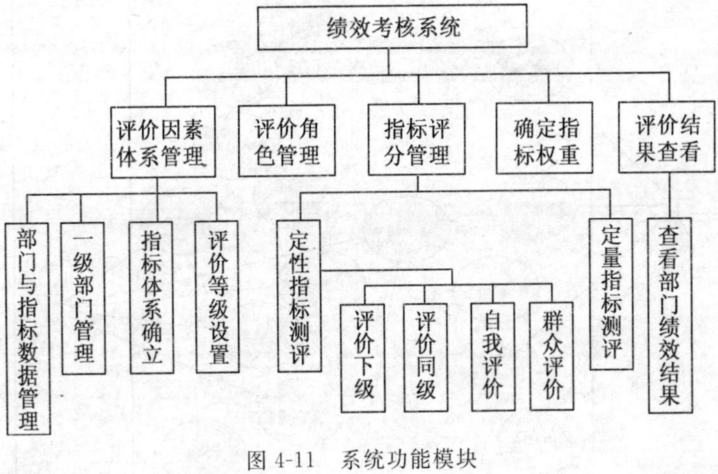

图 4-11　系统功能模块

功能介绍：

(1)评价因素体系管理：构建指标体系，并对指标体系中的指标进行增、删、改、查。

(2)评价角色管理：确定有几个评价角色，然后为各个角色分配权重。

(3)指标评分管理:对于定性指标,不同角色进行打分,然后统计出分数。

(4)确定指标权重:用层次分析法计算各个指标的权重。

(5)评价结果查看:点击指标体系中的各个部门,则能查看该部门质量结果。

二、系统用例图

根据需求分析和系统功能分析,利用 UML 建模技术对系统进行用例建模及用例描述。系统用例如图 4-12 所示。

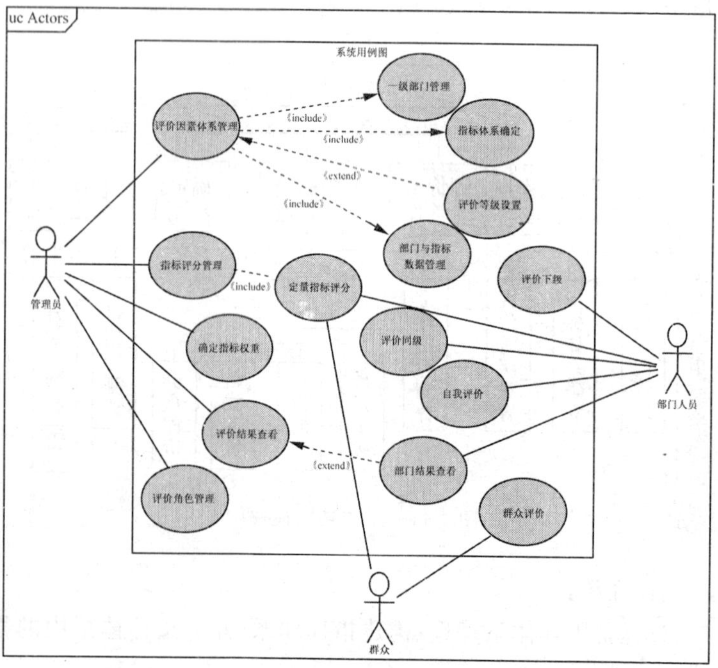

图 4-12 系统用例

三、主要用例的用例约束

1. 评价因素体系管理用例描述

用例名称:评价因素体系管理。

参与者:管理员。

前置条件:管理员已经成功进入系统。

基本事件流:

(1)管理员进入一级部门管理界面,可添加、删除一级部门及对一级部门进行编辑。

(2)管理员进入指标体系确立界面,可添加、删除一级部门下的指标或子部门,以及对指标或子部门进行修改。

(3)管理员进入评价等级设置界面,可添加、删除评价等级及对已有等级名称、考核分数上限、考核分数下限进行修改。

(4)管理员进入部门和指标数据管理界面,可对部门的用户名和密码进行管理以及对正、逆指标进行管理。

其他事件流:对于“删除”一级部门操作,如果部门下已经有指标或子部门,则系统提示“此部门不能删除”。

后置条件:部门管理成功。

2. 确定指标权重用例的描述

用例名称:确定指标权重。

参与者:管理员。

前置条件:管理员已经成功进入系统。

基本事件流:

(1)管理员进入确定指标权重界面。

(2)选择要确定权重的部门。

(3)进入判断矩阵填写界面,只需填写上三角或下三角。

(4)判断矩阵填写不完全,提交会提示“判断矩阵有未输入项”。

(5)提交判断矩阵,若一致性检验未通过,可重新输入;否则显示部门下指标或子部门所占的权重。

后置条件:求得部门下指标或子部门的权重。

四、系统总体结构设计

系统结构模式的设计是系统设计中的一个重要环节。为了适应将来用户数、数据量增长的可能性,适应电脑开发、维护及相关技术人员变更的需要,有利于动态规划与动态开发过程,对系统可靠性有保证,系统采用 MVC 加 B/S 结构。MVC 是一个框架模式,它强制性地使应用程序的输入、处理和输出分开。使用 MVC 应用程序被分成三个核心部件:模型、视图、控制器,如图 4-13 所示。

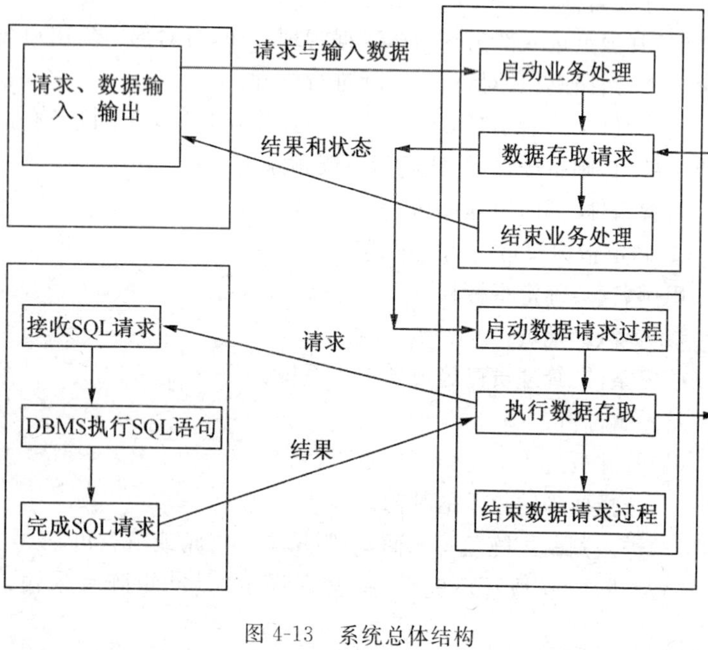

图 4-13　系统总体结构

视图是用户看到并与之交互的界面。对老式的 Web 应用程序来说，视图就是由 HTML 元素组成的界面；在新式的 Web 应用程序中，HTML 依旧在视图中扮演着重要的角色，但一些新的技术已层出不穷，它们包括 Adobe Flash 和像 XHTML、XML/XSL、WML 等一些标识语言以及 Web services。MVC 的好处是它能为应用程序处理很多不同的视图。在视图中其实没有真正的处理发生，不管这些数据是联机存储的还是一个雇员列表，作为视图来讲，它只是作为一种输出数据并允许用户操纵的方式。

模型表示企业数据和业务规则。在 MVC 的三个部件中，模型拥有最多的处理任务。例如，它可能用像 EJBs 和 ColdFusion Components 这样的构件对象来处理数据库，被模型返回的数据是中立的。也就是说，模型与数据格式无关，这样一个模型能为多个视图提供数据，由于应用于模型的代码只需写一次就可以被多个视图重用，所以减少了代码的重复性。

控制器接受用户的输入并调用模型和视图去完成用户的需求，所以，当单击 Web 页面中的超链接和发送 HTML 表单时，控制器本身不输出任何东西和做任何处理。它只是接收请求并决定调用哪个模型构件去处理请求，然后再确定用哪个视图来显示返回的数据。

B/S 结构(Browser/Server，浏览器/服务器模式)的软件设计统一了客户端，将系统功能实现的核心部分集中到服务器上，简化了系统的开发、维护和使用。用户工作界面是通过 WWW 浏览器来实现的，客户机上只要安装一个浏览器(Browser)，服务器上安装数据库服务器，用户就能够访问系统，不需要安装庞大的客户端软件。这样就大大简化了客户端电脑载荷，减轻了系统维护与升级的成本和工作量，降低了用户的总体成本。当程序需要升级时，只需要改动服务器端即可，客户端不需要做任何处理。

五、系统静态结构设计

在用例图的基础上，抽象出系统的静态设计视图，即类图。本系统的主要类及其关系如图 4-14 所示。

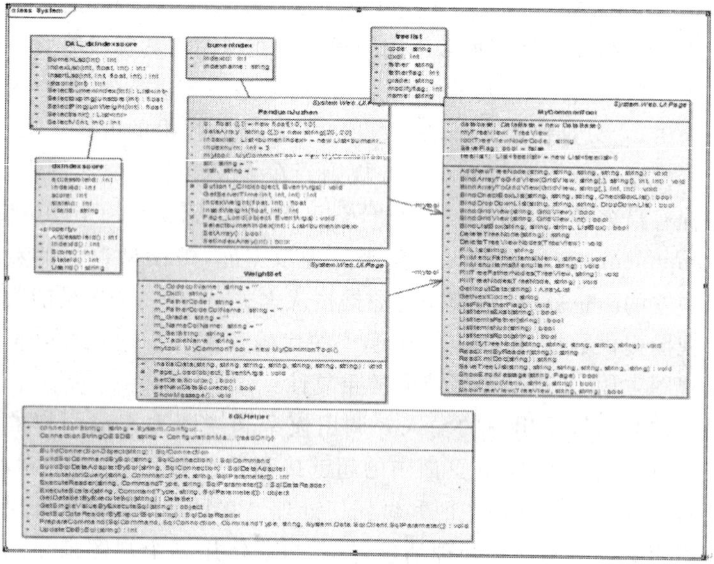

图 4-14　系统主要类及其关系

MyCommontool 类的描述：MyCommontool 类主要是用于整个系统的 Tree 的构建、删除、修改以及 GridView 利用数组等的初始化。例如，Tree 的构建函数 ShowTreeView(参数列表)、FillTreeNodes(参数列表)、FillTreeFatherNodes(参数列表)；利用数组初始化 GridView 函数 BindArrayToGridView(参数列表)。

DAL_dxindexscore 类的描述：DAL_dxindexscore 主要用于部门隶属度的计算，包括各定性指标平均分的计算 Selectdxpingjunscore(int indexid)、评判等级的查找 Selectrank(int indexid)、考核状态的判断 Iskaohe(int indexid)、标准集的查找 SelectV(参数列表)、模糊评判算法 IndexLsd(参数列表)等。

SQLHelp 类的描述:SQLHelp 主要是系统辅助函数类,将与数据库进行交换的函数进行了封装,例如查询函数 ExecuteReader(参数列表)、执行增删改的函数 ExecuteNonQuery(参数列表)、获取查询的单值的函数 GetSingleValueByExecuteSql(string sql)。

六、系统动态行为的设计

管理员进入系统后先进行基础数据维护管理,即填写考核指标,然后分配考核人所占权重,并利用层次分析法计算考核指标或下属部门所占权重。考核人进入考核界面后,可以对指标进行打分测评,在考核结束后提交确认。被考核部门在测评结束后,可以进入查看自己的考核结果。系统时序图设计如图 4-15 所示。

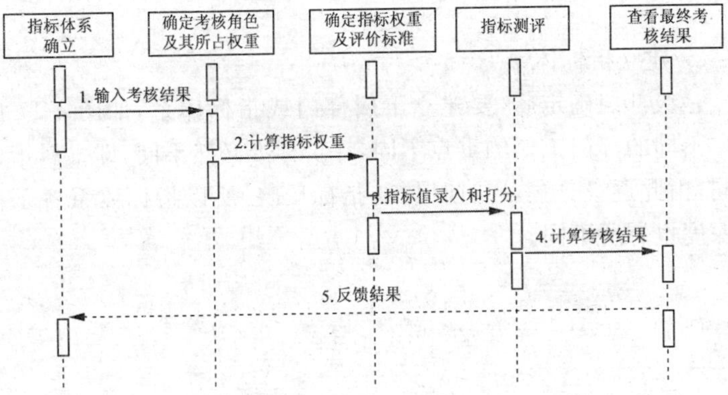

图 4-15　系统时序图

活动图展示了系统各项任务或活动的顺序安排,只有前一活动完成后,后一活动才能进行。

七、系统主要功能的实现

1. 一级部门管理

首先要进行一级部门的管理。一级部门的管理如图 4-16 所示。

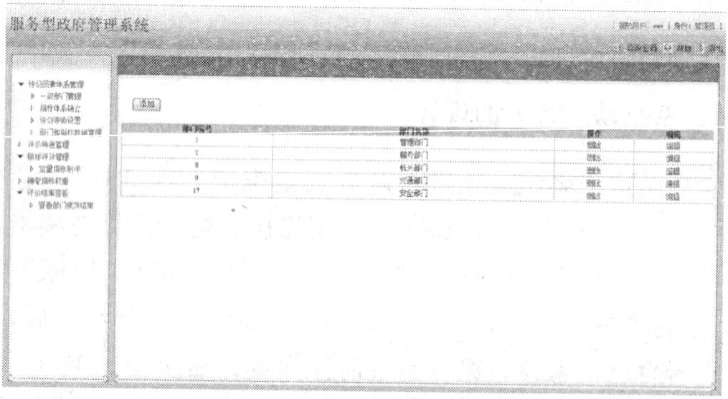

图 4-16　一级部门管理

2. 建立指标体系

一级部门确定后，要建立下属部门或指标体系，如图 4-17 所示。不同的部门工作侧重点不同，评价标准必然不同，即隶属指标不同，由此逐级分解，通过具体的指标反映，所以指标体系各子树的深度也有所不同。

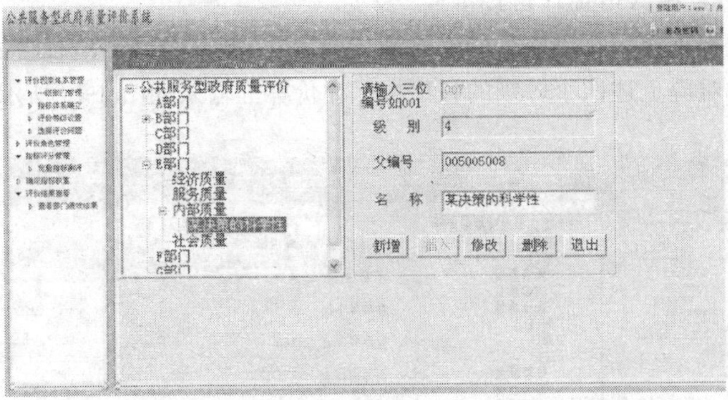

图 4-17　指标体系的建立

3. 确定各指标权重及一致性检验

实现界面如图 4-18 所示。对于要比较的因子而言，数值越大，前者就比后者越重要。比如，一样重要就是 1∶1，强烈重要就是9∶1。可以自己确定，也可以由专家来定。就是依据各个因素的重要程度，使所有因素两两比较并给予 1～9 的评定。这里只需填入左上角或右下角的值，便自动排列成判断矩阵。

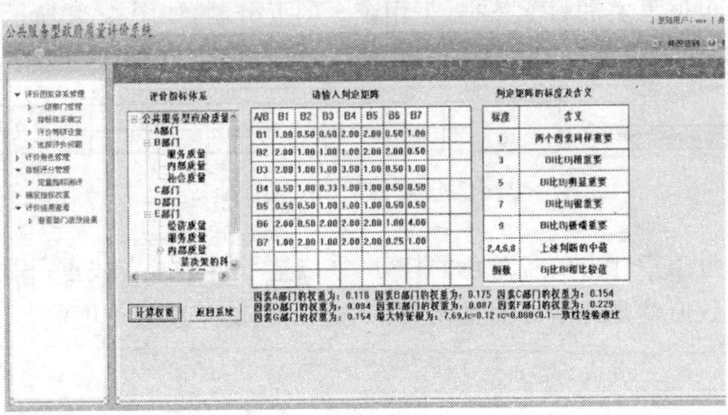

图 4-18　确定指标权重及一致性检验

4. 输入指标评价标准

根据评价标准集的确立这部分的内容，城市经济环境社会协调发展对应上述四个等级的各项指标评价标准输入如图 4-19 所示。

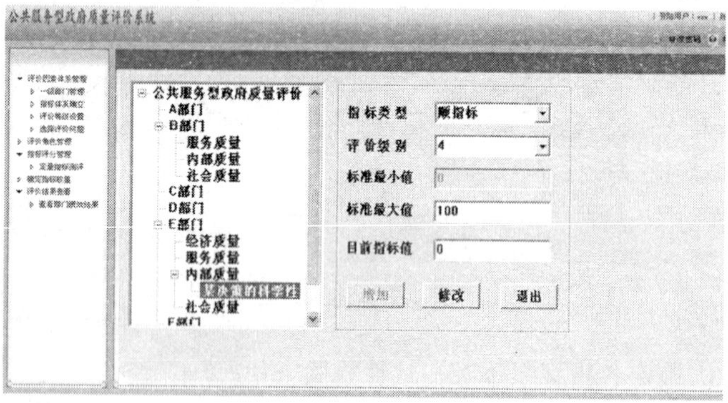

图 4-19 输入指标评价标准

5. 定性指标量化打分

对于定性指标量化打分的具体格式，本课题采用格栅获取法，对指标的实现程度评估分为五档(选用尺度在整个过程中是一致的)，根据事实和科学依据，采用统一的五分制，如图 4-20 所示。

评价指标	评价等级				
	1 (优秀)	2 (良好)	3 (一般)	4 (次差)	5 (最差)
某决策的科学性	○	○	○	○	○

图 4-20 定性指标量化打分

每条指标上的各角色的打分，乘以这个角色所占权重，相加以后的数值就是此指标的量化值。整理出当前年度或季度的各项指标值。

6. 绩效评价

综上,绩效评价实现如图 4-21 所示。

图 4-21　绩效评价

第五章 服务型政府的云计算模式

第一节　云计算概况

近年来，随着 Web 2.0 技术的迅猛发展，传统的软硬件维护方式呈现出维护成本高、应用部署不灵活等问题，为了解决上述问题，2006 年，Google、Amazon 等公司提出了一种新的计算范式——“云计算”。在学术界和产业界竞相推动下，云计算在 2011 年 10 大战略技术中排名首位。尽管云计算的研究进行得如火如荼，然而关于云计算却仍然没有一个标准的定义，不同的专家、组织从不同的研究视角对其进行了不同的定义：

维基百科认为：云计算是一种能够将动态易扩展的虚拟化资源软件和数据通过互联网提供给用户的计算方式，如同电网用电一样，用户不需要知道云内部的细节，也不必拥有管理那些支持云计算的基础设施。

伯克利云计算白皮书将云计算定义为：互联网上各种以服务形式呈现的应用以及提供这些服务的软硬件设施。

美国标准化技术机构 NIST 认为：云计算是一种资源利用模型，它能以方便、友好、按需访问的方式通过网络访问可配置的计算机资源池（如网络、服务器、存储、应用程序和服务）。

云计算的定义众说纷纭，各有侧重。本文更赞同如下定义：云计算是以虚拟化技术为基础，以网络为载体，以用户为主体为其提供基础架构、平台、软件等服务为形式，整合大规模可扩展的计算、存储、数据、应用等分布式计算资源进行协同工作的超级计算服务模式。

计算机资源服务化是云计算重要的表现形式，它为用户屏蔽了数据中心管理、大规模数据处理、应用程序部署等问题。尽管云计算只是一种交付计算资源的新方式，而不是新技术，但是它导致组织提供信息和服务的方式发生了革命。云计算的特点可归纳如下：

(1)弹性服务。服务的规模可快速伸缩，以自动适应业务负载的动态变化。

(2)资源池化。资源以共享资源池的方式统一管理。

(3)按需服务。以服务的形式为用户提供应用程序、数据存储、基础设施等资源，并可以根据用户需求，自动分配资源。

(4)服务可计费。监控用户的资源使用量，并根据资源的使用情况对服务计费。

(5)泛在接入。用户可以利用各种终端设备随时随地通过互联网访问云计算服务。

综上所述，云计算是分布式计算、互联网技术、大规模资源管理等技术的融合与发展，其研究和应用是一个系统工程，涵盖了数据中心管理、资源虚拟化、海量数据处理、计算机安全等重要问题。

一、云计算服务方式

云计算的服务方式根据层次可分为基础设施即服务(Infrastructure as a Service，IaaS)，平台即服务(Platform as a Service，PaaS)和软件即服务(Software as a Service，SaaS)。

IaaS在服务层次上是最底层服务，接近物理硬件资源，通过虚拟化的相关技术，为用户提供处理、存储、网络以及其他资源方面的服务，以便用户能够部署操作系统和运行软件。

PaaS 是构建在 IaaS 之上的服务，用户通过云服务提供的软件工具和开发语言，部署自己需要的软件运行环境和配置。用户不必控制底层的网络、存储、操作系统等技术问题，底层服务对用户是透明的，这一层服务是软件的开发和运行环境。这一层服务是一个开发、托管网络应用程序的平台。

SaaS 是前两层服务所开发的软件应用，不同用户以简单客户端的方式调用该层服务，例如，以浏览器的方式调用服务。用户可以根据自己的实际需求，通过网络向提供商定制所需的应用软件服务，按服务多少和时间长短支付费用。

二、云计算部署方式

云计算有四种部署方式，分别是私有云(private cloud)、社区云(community cloud)、公共云(public cloud)和混合云(hybrid cloud)。

1. 私有云(private cloud)

私有云的基础设施是为一个客户单独使用而创建的，因而提供对数据安全性和服务质量的最有效控制。私有云可部署在企业数据中心中，也可部署在一个主机托管场所，被一个单一的组织拥有或租用。

2. 社区云(community cloud)

社区云的基础设施被某些组织共享，并为一个有共同关注点的社区服务(例如，任务、安全要求，政策和遵守的考虑)。

3. 公共云(public cloud)

公共云的基础设施是被一个销售云计算服务的组织所拥有，该组织将云计算服务销售给一般大众或广泛的工业群体。公共云通常在远离客户建筑物的地方托管，而且它们通过提供一种像企业基础设施进行的灵活甚至临时的扩展，提供一种降低客户风险和成本的方法。

4. 混合云(hybrid cloud)

混合云的基础设施是由两种或两种以上的云(私有、社区或公共)组成,每种云仍然保持独立,但用标准的或专有的技术将它们组合起来,具有数据和应用程序的可移植性。混合云有助于提供按需和外部供应方面的扩展。

三、云计算框架

一般来说,目前公认的云计算框架从服务角度可以划分为IaaS、PaaS和SaaS三种服务层次,三者之间的关系如图5-1所示。

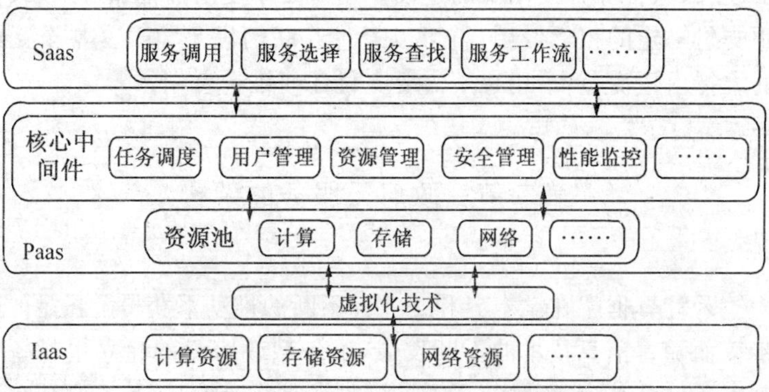

图5-1　云计算框架

IaaS主要包括计算资源、存储资源、网络资源等,能够按需向用户提供计算能力、存储能力或网络能力等IT基础设施类服务。IaaS能够得到成熟应用的核心在于虚拟化技术,通过虚拟化技术可以将形形色色的计算设备统一虚拟化为虚拟资源池中的计算资源,将存储设备统一虚拟化为虚拟资源池中的存储资源,将网络设备统一虚拟化为虚拟资源池中的网络资源。当用户订购这些资源时,数据中心管理者直接将订购的份额打包提供给用户,从而实现了 IaaS。

PaaS 能够提供类似操作系统和开发工具的功能。PaaS 基于虚拟化 IaaS 中提供的资源，建立一个基于互联网、面向开发、运行和运营应用软件的支撑平台。该支撑平台类似一个操作系统，可以提供诸如任务调度、用户管理、资源管理、安全管理和性能监控等操作系统所具备的各类服务。微软公司的 Windows Azure 和谷歌公司的 GAE，是目前 PaaS 平台中最为知名的两个产品了。

SaaS 是一种基于互联网为用户或代理提供软件服务的软件应用模式。在这种模式下，用户应用的重点将是如何利用互联网上获得的软件服务建立自己的应用，而不需要再花费大量投资用于硬件、软件和开发团队的建设。用户要享受所需的服务，仅仅需要支付一定的租赁费用，就可以通过互联网满足需要。整个系统的维护由厂商负责，用户不需要支付任何维护费用。

第二节　政府云服务的架构

云计算框架在学术界和工业界不断的推动下获得了长足的进步。而随着信息技术的不断发展，服务型政府云的建立也具备了基本条件。首先，云计算所需的硬件条件大为改善，信息高速公路越修越宽，可以承载的网络应用越来越多；其次，物联网技术的推广和应用促使终端设备在不断升级，而手机已经成为重要的点端必备设备之一。网络应用的普及和深化使社会信息化、网络化程度愈来愈高。近两年来，云计算应用的规模呈现急剧增长态势，在不知不觉中我们已经进入了“云时代”。

服务型政府基于云计算模式，可以实现面向更多公众服务、带动本地信息化发展等目标。服务型政府云可提供对海量数据存储、分享、挖掘、搜索、分析和服务的能力，使得数据能够作为无形资产进行统一有效的管理。通过对数据集成和融合技术，打破政府部门间的数据堡垒，实现部门间的信息共享和业务协同。通过对数据的分析处理，将数据以更清晰直观的方式展现给领导，为领导更好地决策提供数据支持。

一、政府云服务架构解决方案

政府云框架解决方案是在传统电子政务的基础上，以“服务型政府、法治政府、效能政府建设”为指导思想，依托“以公众为中心”理念，利用物联网、云计算等新一代信息技术实现统一管理和服务创新，倡导服务管理和自助服务，将电子政务上升到综合管理与精细化管理的阶段，从而把分散的、孤立的各个政府部门的系统和数据集成起来，突破业务隔阂以及部门壁垒，建设服务型云政府。

建立一个政府云框架，首先要建立智慧感知层，感知城市与社会信息，更智能地获取信息，以便政府能更好地施政。引入资源整合层，建立政务数据资源虚拟网络和数据共享平台，解决部门数据共享与复用难题，建立政府云数据中心。业务上以协作为主，以应用整合为辅，引入政务业务协作层，构建以权力阳光解决方案、社会服务为核心的应用协作平台，并通过 ESB 总线技术将各类异构应用整合在一起，引入云应用商店以扩展应用。引入政府沟通协作平台，建设统一通信平台、即时通信、邮件系统等解决政府部门之间的高效沟通。创建面向公务人员的统一的协同办公门户平台和面向公众的综合服务门户，作为全体公务人员和公众的统一入口。技术上引入云平台作为技术支撑，建立“智慧政务”的管理平台、开发平台、应用平台和整合平台。制作和实施“智慧政务”的统一标准体系、管理体系和安全体系。

二、政府云的应用架构

伴随着云计算时代的到来，服务型政府云框架将在“统一规划、整合资源、框架服务、拉动产业、统一标准和突出效能”这六个方面有重大突破。在“政府云”建设中，以云计算服务中间件为核心，政府云计算中间件在IaaS、PaaS、SaaS中的服务化、集约化和标准化将成为下一代中间件的发展趋势。政府云的应用架构底层的基础设施依托于已有的IDC(Internet Data Center)资源，硬件环境则以各类国产设备为主进行搭建，在PaaS层通过云资源管理系统管理调度；PaaS层云平台软件部分以国产软件架构为主，提供SaaS层所需的分布式应用、数据处理、任务调度等功能模块；SaaS层部署各类政府云应用，提供数据、应用和工具级的云服务。政府云的应用架构常常基于传统云计算框架，一般也提供三种服务类型，如图5-2所示。尽管政府云的服务类型有自己的独特之处，然而其基本功能仍然包含了传统云计算模型的功能，每一层的功能如下：

IaaS层：IaaS层主要包括虚拟化层及云服务层。通过虚拟化技术，实现资源与物理设备的解耦合，满足业务系统的快速部署与迁移。通过云服务层实现资源的自助申请、各租户的组织管理与业务流审批，以及对租户申请的资源进行自动化编排与交付。

PaaS层：PaaS层需要实现统一的认证授权、统一的数据服务与跨平台的开发及运行环境，保证未来业务应用后台数据统一、架构统一，为跨平台部署及政务数据共享提供基础。

SaaS：为保证对现有政务业务应用系统的良好兼容，能够让更多的政务或党务业务迁移到政府云平台中，SaaS层通常提供业务应用服务、应用系统服务和应用工具服务等不同类型的服务。这些服务的提供为实现传统的政务和党务业务迁移到云端提供了有力的支持。

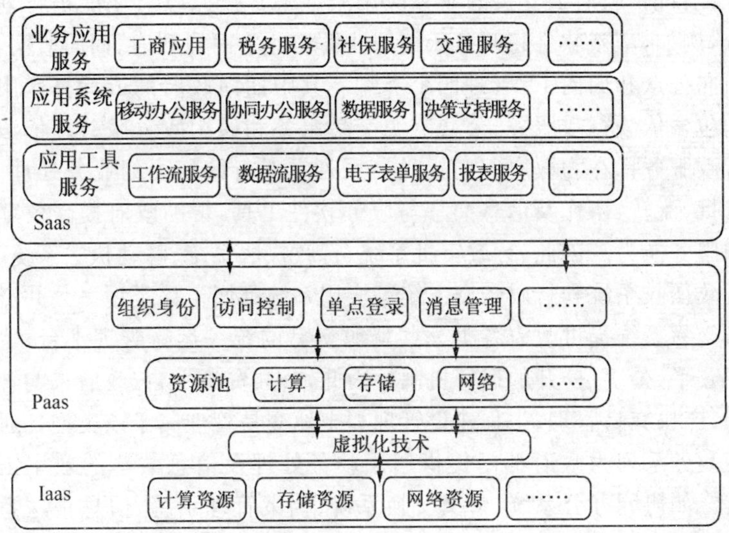

图 5-2　政府云框架

三、政府云的业务应用服务

目前,市场上的云计算提供商和云产品众多,但由于缺乏统一的标准,各云提供商及其产品所包含的功能、后台数据格式和对应用的支持架构千差万别。这就导致在进行政府云建设时,虽然都叫政府云,但每朵云最终实现的效果、支撑的业务、流程管理均不一样,除了网络可以互通之外,数据很难互通,更不用提云间的资源共享了。针对政府云,因为其是云计算技术在政务应用下的特殊子集,属于政府领域的私有云应用,政府具备能力推动政府云标准的建设,通过对云计算厂商提出明确的要求,将平台架构标准化、组织管理标准化、业务流程标准化、数据服务标准化、功能实现标准化,从而统一政府云政务建设标准,真正实现资源共享与互通,改善重复、效率低下、各自为政的政府云建设。

目前，政府云支持的业务应用服务常常按照政府职能进行划分，例如，南威软件将政务云按照业务划分为面向政府、面向监察、面向公众和面向IT管理四个类型。其中面向政府的云计算应用又包含依法行政服务、公共资源交易服务和通用政务服务。依法行政服务旨在为政府部门提供一系列针对行政权力的业务处理、审批、流转、协作及信息共享与服务软件工具，帮助政府提高效率和服务能力。因此，行政审批系统、行政执法系统、移动执法系统、行政征收系统和行政强制系统等应用系统都属于该类型。公共资源交易系统提供政府各类公共资源交易的统一运行管理平台，建立公平、公正、公开的运行机制。因此，公共资源平台、政府采购管理、产权交易管理、工程建设管理和土地交易管理属于该类型。通用政务系列为政府部门提供通用政务处理及信息共享的效率工具。如协同办公系统、公文交换系统、档案管理系统、信息报送系统、移动办公系统、证照共享系统、项目管理系统、访客出入管理、资源交易系统和电子监察系统等属于该类。面向监察的云应用为纪检监察部门提供覆盖事前、事中、事后，全方位多维度的行政权力监管。如综合电子监察平台、行政审批电子监察、公共资源电子监察、政府网站监管系统等属于该类。面向公众的政务云以公众为中心，覆盖信息公开/互动咨询/投诉评议及网上办事等功能，建设人性化、可扩展的网上服务型政府。如便民服务平台、信息公开系统、政府网上办事大厅、网站内容管理系统属于该类。面向IT管理的政务云应用提供具备统一标准的技术开发和管理平台，消除应用之间的隔阂。如业务建模引擎、工作流引擎、DSB总线、UI云服务、智能报表引擎、统一安全平台、智能表单、即时通信等即属于该类别。

第三节 政府服务的自动化

随着我国政府向服务型政府的转型，政府不断加强对民生问题的重视，政府云是重要抓手，信息化已成为推进我国经济社会转型的核心力量之一。《2015 年中国政府行业信息化建设与 IT 应用趋势研究报告》研究结果显示，2014 年中国政府行业的信息化投入规模达到 572.2 亿元，比 2013 年增长 7.5%，继续保持增长的态势。受到电子政务“十二五”规划纲要、信息共享、厉行节约等相关政策的影响，各省市开始整合现有的软硬件资源，构建电子政务公共平台，各部门基于公共平台进行业务部署，从而使政府各部门总体上减少了在网络、机房、服务器等硬件设备上的投入，节约了信息化财政资金。

国家发改委发布的《关于加强和完善国家电子政务工程建设管理的意见》中特别指出，要“推进新技术在电子政务项目中的应用。鼓励在电子政务项目中采用物联网、云计算、大数据、下一代互联网、绿色节能、模拟仿真等新技术，推动新技术在电子政务项目建设中的广泛应用”，并且强调要保障电子政务项目安全可控。

政府云结合了云计算技术的特点，对政府管理和服务职能进行精简、优化、整合，并通过信息化手段在政务上实现各种业务流程办理和职能服务，为政府各级部门提供可靠的基础 IT 服务平台。基于云计算技术和统一标准，不仅有利于各个政府云之间互联互通，也有利于避免重复建设，节约信息化建设资金。

目前，政务门户网站用户数量的快速增长，内容的日趋多媒体化，政务信息公开包含大量的图片和视频信息，政务网站需要处理海量数据，就需要以 IaaS 应用为核心的云计算中心作为有效支撑。同时，随着政务信息资源开发利用的深入，数据大集中以及信息交换要求很高的计算能力。传统政务数据中心建设和运行的成本在不断上升，需要利用云计算模式来提高政府数据中心的运行效率，降低政府数据中心的建设成本。云计算模式的“信息集成、资源共享”特性将在电子政务信息交换平台中发挥巨大作用，通过交换平台的应用，在政府部门之间、政府部门与社会服务部门之间建立“信息桥梁”，将各单位的电子政务系统接入云平台之中，通过云平台内部信息驱动引擎，实现不同电子政务系统间的信息整合、交换、共享和政务工作协同，将大大提高各级政府机关的整体工作效率。

传统电子政务模式下，政府部门各自为政，电子政务系统分散建设、分散管理、分散运维，暴露出很多问题，如重复建设、信息孤岛、高投入低效益等。采用基于云计算技术的电子政务模式，统一采购软硬件设备，对政府信息系统进行统一管理、统一运维，不但可以减少政府财政投入，而且便于信息资源整合，发挥电子政务的整体效益。随着云计算技术在电子政务领域的应用，传统分散的电子政务管理体制已经不适应新形势，必须向集中管理方向发展。

一、政务应用的云化

当前的政务应用从硬件部署环境来看，有部署在 x86 物理服务器或小型机上的，也有部署在虚拟化平台的虚拟机（VM）上的，同样是部署在虚拟机上的应用，由于各地的虚拟化平台供应厂商不一样，VMware ESX 平台、Citrix Xen 平台、Microsoft Hyper-V 平台、开源 KVM 平台以及其他国产的虚拟化平台等都会存在。从政务应用软件的开发模型来看，有基于 .Net 架构开发的，有基于 Java 开发的，有基于 LAMP 架构（Linux＋Apache＋MySQL＋PHP）开发的，也有基于 Hadoop 分布式架构开发的等。受限于应用的硬件部署环境和软件开发模型，并不是所有的政务应用都适合采用云计算模式进行部署。要将现有的政务应用部署到云平台上，需要对政务应用、服务交付模式进行综合评估，即所谓的“云化”评估。现阶段政务应用的云化，可考虑采用“小步快走”的策略，先对简单易部署的业务系统进行云化：优先考虑部署在 x86 单机应用系统和已经部署在虚拟机上的业务系统，借助现有的 P2V 和 V2V 工具直接进行云化。

考虑到系统业务数据规模，优先考虑无数据库服务器或者 SQL Server 为后端数据库的业务系统。为了简化首次部署，对于全国联网应用，暂不考虑云化。

1. 政务应用的迁移

从各地已上线的政务云项目来看，虽然云基础平台已经搭建起来，但云平台上支撑运行业务应用数量非常少，基本都是非关键业务应用：重要性和实时性要求都不高。关键业务并没有迁移到云平台上，每年的扩展、升级依然维持传统模式不变；另外，承建单位之外的其他委办局单位，也不愿意将其业务应用迁移到政务云平台中。原因主要有两个方面：

对政务云平台的可靠性、稳定性信心不足。云计算是近几年来新兴的技术与服务模式，产品的可靠性与稳定性需要用时间和具体的项目实践来考验。针对这个顾虑，可以在政务云项目建设时采用“试点＋分步迁移”的方式部署，先在一个项目中进行试点部署，从非关键的业务开始，逐步迁移到云平台中。

对政务云安全的担心。政务云对云安全的担心主要体现在多租户的隔离上，要让各委办局将自己的业务迁移到公共政务云平台上，如何保证各委办局之间的隔离是需要考虑的。对于多租户的隔离，可以采用目前比较成熟的物理设备虚拟化及物理设备软件化等技术，在政务公共云平台中，为各委办局分配虚拟设备（如虚拟防火墙、虚拟路由器、虚拟交换机等），各委办局利用虚拟设备在公共云平台上构建属于自己的虚拟私有数据中心（VPDC），实现与传统私有数据中心同样的基础设施架构。

2. 二级云存在的现实性

政务云建设的理想目标是实现资源的集中与整合，降低政务信息化的总体拥有成本（TCO）。但现阶段要实现省级政务云“一云统天下”是不现实的，有如下诸多实际的问题需要考虑：(1)业务应用的特殊性。各委办局均有不少关键的业务应用是直接由国家部委纵向统一下发，此类应用暂不会迁移到政务共享云。(2)数据的二级集中。目前各委办局的业务数据很多是基于“省—地市”两级集中的，地市有自己的业务数据，省级统一集中具有很大难度，需要在各地市进行业务部署。(3)应用系统的运维。从实际的项目建设来看，省级中心所能承接的运维通常仅局限在基础设施层面，要实现对各委办局、各地市业务应用系统层的运维缺少相应保障。

综上所述，现阶段的政务云建设必须允许各地市、各委办局有自身的“二级云”的存在，同时受限于对云平台的稳定、可靠、安全的担心，省级政务云平台初期的建设应重点关注标准、流程、架构的制定，考虑“分步建设、逐步迁移”的模式。

二、政务应用云化案例

结合上述对电子政务云现状、架构及难点的分析，下文以具体某个省公安政务云平台为例，介绍电子政务云解决方案。

该公安电子政务云主要分三个阶段进行建设：第一阶段：分级云化——同步建设各委办局电子政务“子云”，通过具有自主知识产权的云化技术，逐步将各部门的服务器集群进行云化，实现绿色节能、快速部署、弹性计算、快速迁移、冗余灾备等功能。第二阶段：“子云”整合——将多个建设完成的电子政务“子云”整合，将各部门服务器资源进行整合集中云化，形成在整个电子政务系统内云计算资源池的硬件资源共享与按需分配，并解决各部门自成体系的信息孤岛问题，为电子政务业务整合奠定基础。第三阶段：整合业务——打造面向社会的电子政务云平台，搭建各部门能够互联互通的云计算管理平台，为政府工作人员和公众提供服务。

公安政务云因其业务特殊性，与其他政务云相比更强调加强云计算、物联网等前沿技术的研究，更需要大数据处理、跨平台整合等关键技术的使用。“智慧公安”技术解决方案更成为公安政务云努力追求的目标。基于传统政务云架构，围绕基础设施、融合资源、智慧技术支撑、智慧业务应用等多层技术架构，融合云计算、虚拟化、大数据、人工智能、物联网、社交网络、统一通信、3S 等八大关键技术，构建精准情报、智能分析、快速指挥和智慧警务四大业务系统，如图 5-3 所示。在 PaaS 层，通过数据融合技术整合分散在各应用系统的业务数据，建立有效数据共享与交换机制，打造公安业务大数据平台(DaaS)，促进数据共享；在 IaaS 层，建立以云计算中心为核心的智慧公安的信息基础设施，承载公安业务大数据，建立公安的云计算平台基础设施；在 SaaS 层，打造“精准情报、智能分析、快速指挥、智慧警务”四位一体的公安业务深度融合体系，在融合数据资源的基础上，创新公安部门各警种的管理思想和业务方法，融合智慧刑侦、智慧治安、智慧交警、智慧户政、智慧网安、智慧反恐、智慧边防、智慧警卫等八大业务系统，形成一体化、集约化、科学化的公安智慧化技术和业务框架；在云计算平台基础上构建云门户，建设部门间数据共享平台，打通公安部门与其他政府部门、社会相关部门的信息通道。建设智慧公安统一业务审批平台，实现各警种一体化的公众服务平台；建设以大协同办公平台、综合信息门户、决策门户为核心的顶层公安应用门户与决策平台，实现各警种统一决策与协作。

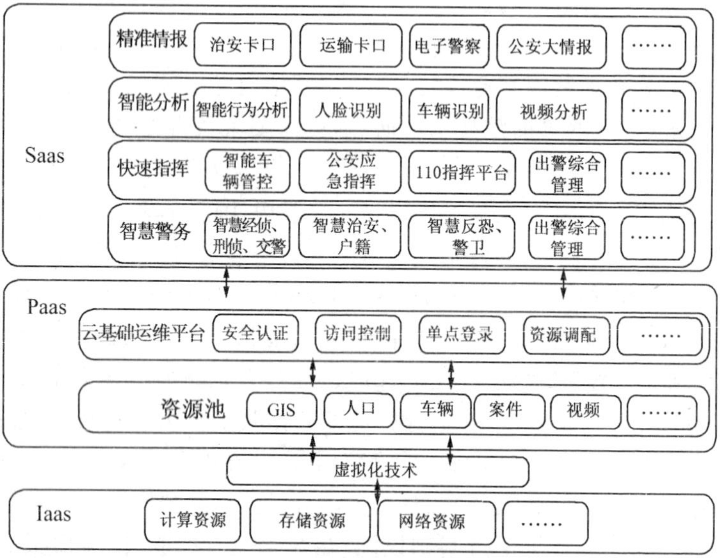

图 5-3　某公安政务云架构

第四节　云政府服务质量体系

一、智慧型云政府

政府由重管制向重服务的职能转换是全球行政改革与发展的导向和目标，而构建智慧型政府是我国政府转变政府职能、打造服务型政府的重要举措。智慧型政务的建设围绕政务数据，通过云计算、数据挖掘等技术向公众提供更加精细化、个性化的服务。通过建设智慧型云政府，提高城市管理工作的精确度、敏捷度、高效性，为社会公众创造和谐、整洁、安全、优美的城市环境，逐步实现服务型政府的目标。

中国政务的信息化建设起步于20世纪80年代初期，从国家大力推动电子信息技术应用开始，政务的信息化大致经历了四个阶段，即办公自动化阶段、“金字工程”实施阶段、政府上网阶段以及电子政务实质性应用阶段。到了“十二五”时期，我国电子政务发展趋势是“互联、整合、共享、重构、效率”。通过互联互通消除条块分割和信息孤岛现象；对已有的电子政务系统深入整合，实现重点业务领域的业务协同；在整合、互联及协同的基础上，提高资源共享水平；通过政府体制机制的创新重构，促进政府行政职能转变；提高电子政务应用水平和资金使用效率，为构建服务型政府奠定基础。

智慧型云政府的建设正是实现电子政务升级发展的突破口，是政府从管理型走向服务型、智慧型的必然产物，也是引导智慧城市建设的主干线。智慧型云政府基于云计算技术，通过物联网、移动互联网等新一代信息技术和手段，根据政府的各项职能，优化和提升政府的各项工作，建设集约、高效、便捷、智能的新型云政府。智慧政务是转变政府职能的创新性手段，是电子政务发展的新阶段，具有内部管理集约、行政审批高效、公共服务便捷、领导决策科学等典型特征。

要想真正实现智慧型政务，在基于电子政务建设的基础上，还需要在以下几个方面创新理念。

1. 以人为本，服务民众

以民众为中心是智慧城市建设的关键，也是智慧政府建设的主题。建设服务型政府最核心的内容之一是完善公共服务职能。因此，智慧政务的建设要以“公共服务”为建设的出发点和中心环节，不断创新应用，扩大面向社会民众的政务应用广度和深度，围绕企业、团体和民众的需求和选择来发展和提供服务，使企业和民众能够更好地参与到政府的管理中，提升政府的公共服务和宏观调控能力，实现政务的经济和社会效益最大化。

2. 资源整合、协同共享

资源整合、协同共享是智慧政务建设的基础。通过体制机制创新及有关法律法规的建设，突破区块、部门之间的界限和体制性障碍，充分整合信息基础设施和信息资源，推进跨部门、跨领域的信息化协同，实现数据在部门之间的流转，有效满足政府、企业团体及民众的信息需求，进而实现信息资源配置最优化、拓宽信息资源应用领域和最大化挖掘信息价值。

3. 信息公开，安全有“度”

政府信息公开，是推进政府管理民主化进程的一项重要措施。而确保国家机密、商业秘密和个人隐私安全，是关系智慧政务能否健康发展的重要课题。妥善处理公开与安全的关系，关键在于“度”的把握。在加强安全防范政策和措施的同时，还应坚定不移地推行政府信息公开政策，通过建立制度或者法规，明确信息公开与政府信息安全之间的关系。逐步完善信息公开机制，健全信息公开的工作机制和保障制度，同时进一步完善保密审查制度，明确有关保密审查的职责分工、审查程序和责任追溯办法，保证信息公开不危及国家安全、公共安全、经济安全和社会稳定。

4. 凸显数据价值，提供智慧决策

数据蕴藏着丰富的信息和价值，如何运用好这些数据，发挥数据资产的价值，这是数据时代最核心的挑战。政府各部门各自掌握着大量的基础信息和资源数据，通过引入海量数据的处理技术、分析方法和挖掘技术等，为业务关键因素的智能化辅助决策提供支持，为决策层、执行层、操作层和各专业业务人员提供决策依据，帮助政府提升服务水平。

二、基于政务大数据的服务质量评测

大数据技术的应用，首先是在互联网行业起步并逐步拓展到电信、金融、工业等多个领域，产生了巨大的社会价值和产业空间，目前正拓展到政务领域。

1. 数据思路引入后给政务领域带来的改变

大数据技术在互联网行业的成功应用为基于大数据的政务应用提供了有益的参考。大数据思路的引入同时为政务应用带来了很多改变：

第一，应该是思维观念和运作方式的变化。所谓的互联网思维，其核心理念包括：

体外互动：邮件、电话、信件互动——服务导引；

服务外包：购买服务——简单服务；

让渡社会：众包——自助服务；

边界开放：数据开放——创造服务。

第二，数据处理技术发生了很大演进。

在传统数据分析中，数据处理阶段，面向结构化数据，非结构化处理效率低；硬件成本高；平台兼容性差。基于云计算的大数据处理中，数据处理过程有了很大的改进和提升。其主要变化为：具备结构化/非结构化混合分析的能力；基于消费级硬件，不依赖高性能、高可靠性硬件，从而保障系统性能和可靠性；平台兼容性好、扩展性高。

第三，数据挖掘分析技术有了巨大的提升和变化。

画像技术以及各类数据融合、分析、挖掘、预测技术的发展和应用都体现了云时代政务管理的不同。

这些变化和提升都是政务领域需要学习与借鉴的。为此，大数据在政务领域的应用既包括用新的思维、模式与技术来解决电子政务需求，也包括政务大数据新的应用。

政务领域是大数据应用崭新的领域，它将极大地改变政府的管理模式，有利于节约政府投资，提高政府决策能力，提升公共服务和社会管理能力。开展大数据在政务领域的应用是大势所趋，势在必行。同时，政务大数据本身也不同于其他领域或行业的数据，其复杂程度和需求的多样化比互联网行业大得多，也难得多。

2. 政务大数据的定义及特点

按照政府管理的数据来源和种类，政务大数据可以分为以下三类：

第一类是业务数据，业务办理过程中采集和产生的数据。

第二类是民意社情数据，对社会企业个人对象进行统计调查获得的数据。

第三类是环境数据，通过物理设备采集获得的气象、环境、影像等数据。

在以前的电子政务建设阶段，政务信息资源开发利用更多的是集中在前两种类型和结构化数据上，而对第三类数据，特别是实时的、非结构化、半结构化数据的开发利用相对较少。随着政府业务在互联网、移动互联网、物联网等领域广泛和深入的应用，第三类数据的数据量和价值都在迅速增长，相关数据处理技术也逐步成熟。这三类数据的政务信息资源相互补充，不断增长，组成了政务大数据。政务大数据与其他领域大数据相比具有鲜明的特点：

体积大，增速高：涵盖经济、社会、管理的方方面面，数据积累量巨大。每年处理的数据呈指数级增长。

种类多，价值大：以宏观经济基础数据为例：涵盖经济、社会、医疗、环境、工农业、教育、旅游等社会关键领域数据，具有极为重要的社会和经济价值。

垄断性，难获得：政府部门及公共企事业单位采集数据有些是专营的业务，一般企业采不到，也买不到。

通过以上讲述可以看出，政务大数据同传统数据相比，不仅包括结构化数据，更包括大量非结构化数据，且具有数据量大、应用价值大、速度快、种类繁多等特点。

要高度重视大数据应用对政务工作正在带来和将要带来的各

种影响，充分认识推进大数据应用的必要性和紧迫性，加强顶层设计，分专业、分步骤实施。开展政务领域的大数据应用，首先是观念、思路的转变，转变电子政务建设主体，由政府营造创新发展环境，引导企业为主体开展电子政务建设，同时，政府也需要在实际工作中给予支持和指导。一方面，采用给予适当的政府补贴和协助优秀电子政务解决方案的推广应用等方式，帮助初创企业快速成长；另一方面，在社会服务领域，政府退到后台，提供数据和基础服务，让企业直接面向社会提供贴近需求的服务。

三、智慧测评

绩效管理是有效引导电子政务向智慧型云政府发展的重要驱动力。按照智慧型云政府的基本特征，服务绩效管理需要监测云政府在用户需求感知、服务短板改进和可见性优化方面的效率和效果，注重从用户和政务云自身两个角度综合评判服务绩效。

1. 构建智慧云政府测评体系

与传统的政府绩效测评相比，智慧云政府测评有四个特点：(1)在评价指标方面，建立服务供给评估和用户体验评估的结合。评价指标设定充分兼顾了服务供给和用户需求，覆盖功能、内容和效果三个维度，分别考察政府服务“有没有”相关的信息和内容、“能不能”实现政府相关服务功能以及服务效果到底“好不好”三个方面。(2)在评估过程方面，确保定期评估与实时动态监测的结合。因为互联网上用户需求变化快，因此需要做到实时、动态地管理服务绩效。这样一方面有利于政府及时提供服务响应，另一方面有利于在用户需求和政务服务供给之间建立正向的绩效激励循环。因此，智慧云测评要求在年度定期评估的基础上，不仅要动态反映每项指标的变化情况，还要为云政府政务管理人员改进服务及时提供数据支撑。(3)在评估结果方面，实现定性评估与定量数据评估相结合。除了对服务内容完备度使用“有”或“无”“好”或

“不好”的定性考察，智慧测评更强调从全样本的用户数据出发，客观反映用户对政府云服务的使用效果。(4)在绩效展现方面，实现可视化直观展现。为配合动态服务绩效监测，应引入大屏系统和平板系统，对绩效进行实时展现。

2. 建立网上服务绩效管理平台

该平台采用云服务的理念，对行业或地区网站群用户访问行为数据进行汇总分析，并以“仪表盘”等多种可视化的形式实时展现各项指标的动态变化情况。每个“仪表盘”又支持对总量数据进行结构化细分，自动统计数据变化趋势与核心关注点，智能化地提出相应改进和优化建议。

四、智慧决策

由于当前绝大多数政府政务系统都是分散建设，地区或行业信息化主管领导难以总体掌握政府运行和服务数据，无法依据完整、及时的数据对全地区或行业进行总体规划和综合决策。因此，智慧型云政府建设的主要内容之一是实现分布式智慧云决策，推进决策方式从分散决策向高效集中转变，这就需要建立基于大数据的政府网上服务决策分析可视化云平台，为领导决策、改进部门服务理念和分布式质量体系提供支撑。

1. 为领导科学决策提供云环境支撑的可视化数据支持

基于云计算架构，分析并集成整合跨区域、跨部门数据，实现大数据支撑的决策数据接口，建立以大屏幕为主要方式的本地区、本行业网站(群)运行情况集中式展示，为地区和行业党政领导及相关领导在政府互联网形象树立、应急管理、网上服务供给、舆情引导、政策宣传等方面提供可视化决策支持。

2. 为政府云服务管理部门改进服务提供决策参考

云平台基于多个维度剖析信息，通过对各服务运行状况、服务缺陷、服务热点变化、服务绩效排名等数据的实时分析和可视化直观展现，在强化用户群整体效能监管力度的同时，帮助云服务管理部门及业务主管部门精确识别用户服务需求，掌握其意愿表达方式和访问行为的内在规律，迅速定位各政府云服务短板，为政府网上服务功能改进提供决策支持。

通过在一个行业或地区建立云平台，可以收集本地区或行业数据，分析行业或区域内部不同部门之间的业务协同关系、需求与供给关系等，为政府云服务规划、政策出台等提供科学决策的依据，让信息化主管领导和行政领导对政府发展做到心中有数，同时也能促进本地区或行业的整体智慧转型。

第五节 昌邑市国土资源云服务

一、基本情况

昌邑市地处山东半岛西北部，渤海莱州湾南岸，属环渤海经济圈，在“蓝黄两区”总体战略布局中功能叠加、优势明显。市域总面积1627.5km^2，辖7个镇(区)、3处街道、691个行政村(社区)，总人口58万人，是著名的“华侨之乡”“中国丝绸之乡”“中国溴盐之乡”，被评为“全国生态文明先进市”“中国美丽乡村建设典范市”，连续4次荣登“中国中小城市综合百强县市”“中国最具投资潜力中小城市百强县市”光荣榜。

为贯彻落实国务院印发的《关于促进云计算创新发展培育信息产业新业态的意见》，根据“中央关于传统媒体与新兴媒体融合发展”的有关精神，国土资源部随后于2015年2月印发了《关于进一步加强信息化工作统筹的若干意见》(国土资发〔2015〕16号)。国土资源部《意见》指出，将大力积极推进以云计算、大数据、物联网、移动互联网等为主要内容的“国土资源云”建设。就此，中国国土资源报社将联合昌邑市人民政府，本着“统筹规划、分步实施、联合建设、服务社会”的方针，坚持产品、技术和应用数据“先进性、统一性、安全性、灵活性、完整性”的原则，围绕昌邑市政府“智慧城市”和国土资源部“国土资源云”建设的总体规划，以产业基地“行业化、信息化、市场化”的战略要求，共建“国土资源新媒体产业基地”，加快推进昌邑市“智慧城市”和国土资源部“国土资源云”建设成果，积极推动产业基地的可持续发展，实现广泛的社会应用。

全球云计算仍处于发展初期，产业格局尚未定型，潜在市场需求巨大，我国正处于发展云计算的重要机遇期，同时，这也是昌邑市政府打造“智慧城市”及国土资源系统加快建设“国土资源云”的绝佳契机。2015 年，“互联网+”成为影响中国市场经济格局最深刻的关键词。放眼望去，大至北上广深，小至乡镇村落，互联网产业早已与广大民众的生活、工作、出行息息相关。互联网的飞速发展及应用是工业革命发展百余年的质变结晶。新兴产业的迅速崛起，势必衍生出更替性的市场行为及传播平台——云计算及新媒体产业应运而生。“产业基地”是顺应时代潮流发展的产物，是根据实时市场供需关系的战略调整，是国务院有关精神的承接，是国土资源信息化工作的重要组成部分，是昌邑市政府打造“智慧城市”的重要名片、是中国国土资源报社新媒体示范区的重要阵营。

《昌邑市“十二五”规划》明确指出，要培育发展战略性新兴产业，坚持“统筹规划、合理布局、突出特色、支持重点”的原则，加强政策支持和规划引导，强化核心关键技术研发，突破重点领域，规划建设一批新兴产业园区和基地，推动新兴产业链条式组合、园区化布局、集群化发展。“十二五”期间，战略性新兴产业总投资将达到 200 亿元以上，到 2015 年，战略性新兴产业增加值占地区生产总值的比重力争达到 10%以上。

近年来，昌邑市国土资源局充分利用现有资源，与中国国土资源报社进行了长期战略合作，共建了全国首家新媒体建设示范基地，以国土资源云为基础，展开政府服务模式向在线服务模式转化，有力地提升了国土资源管理工作新常态下的新水平。

二、云服务模式的特点

1. 高点定位，率先引入

(1)认清发展形势，厘清地位作用

新媒体是国土资源事业新闻信息宣传工作的时代需求。我们正处在一个新的全媒体时代，传统媒体在探索转型发展；新媒体崛起并爆炸式膨胀，快速融入经济社会各领域并引起高层关注！习近平总书记指出：推动传统媒体与新兴媒体融合发展，是巩固宣传思想文化阵地、壮大主流思想舆论的必然要求。新闻信息宣传不但承载反映国土资源动态、解读法律法规政策、剖析热点难点、促进转型发展、发布权威数据等重要职责，而且是引领新常态、传播正能量的重要平台，又是提高舆情应对能力的强大武器。新媒体具有迅捷的传播速度和广泛的参与受众，是新技术、新手段、新应用，能够抢占新闻先机。目前，全国国土资源整体呈现负面舆情居多，面对社会信息化、受众个性化、"人人都有麦克风"的舆论大变局，如何才能引导舆论走向，增进保护资源共识？如何才能提振干部职工精、气、神，弘扬社会主旋律？我们选择了最佳途径，就是与中国国土资源报社合作，在新形势下推进新媒体建设。

(2)成立示范基地，迅速部署安排

与报社共建示范基地后，我们立即开展工作。一是安装国土大屏。先后在市政府、市行政审批服务中心、局机关、镇(街区)政府、社区、国土分局安装了15台播控平台。二是配发数字阅读终端设备。为市委、市政府主要领导、分管领导及镇(街区)和公检法等工作联动部门领导配备了数字阅读终端设备，使他们能及时了解每日国土舆情、随时查阅报纸杂志。在终端设备上研发了集规划、现状、影像等业务数据为一体的"移动一张图"，可以随时查看规划、地类、面积、权属等用地情况，还能进行“测量”和“统计分析”，高效、便捷、省时、省心、省力，实现了由“被动执法”到“主动作为”的转变。山东国土资源导报以《昌邑局土地日用新媒体培训乡镇干部》为题进行了报道推介，在系统内引起了较大反响。三是订阅手机报。为全市五大班子、相关部门负责人、各镇(街区)党政主要负责人及我局中层以上干部推送国土资源手机报。

(3)拓展新媒体功能，提升应用水平

2014 年 9 月 12 日，报社在我市召开了“新媒体建设示范基地”现场会，我局在会上作了经验介绍。这次会议，我们全局上下备受鼓舞和鞭策，进一步统一了思想，提高了认识，研究决定，不仅要继续坚守传统媒体阵地，扩大阅众范围，号召征订《中国国土资源报》205 份，实现了市委市政府五大班子、公检法等相关部门、镇(街区)、局内科室及矿山企业全覆盖；而且更要借助新媒体平台，整合资源，充分发挥新媒体在业务咨询、行政审批、行政执法、社会监督等方面的作用。一是发挥系统内学习工具作用。即时上传上级的政策、规定等文件及各类通知，干部职工可在第一时间内学习，如：国土资源部、农业部颁发的《关于进一步支持设施农业健康发展的通知》《关于进一步加强信息化工作统筹的若干意见》等，我们都在文件公布的当天，就在新媒体设备上进行了发布；设置了包括在线查询、案例实务、咨询科普等自助学习模块。二是发挥信息宣传快捷直观作用。设置了国土资源法律法规对外宣传模块，强化了即时宣传效应。针对 2014 年 3 月 5 日凤凰财经网的一篇署名文章——《新版〈不动产权证书〉曝光，全国业主痛失房屋所有权》，国土部官方微信、国土之声快速反应，于 3 月 6 日群发了《〈不动产产权证书〉内页重点内容填写释义》和《〈不动产权证书〉有关事项的说明》。我们及时跟进，通过新媒体设备进行了滚动播出，回应了社会公众的关切，消除了负面信息的聚焦放大。2013 年以来，我们还制作播放“国土天地”栏目 16 期，宣传先进典型 30 余人，传递了正能量。三是强化服务社会公众平台媒介作用。将昌邑天地图及服务社会公众的业务系统等信息化成果，在新媒体播控设备上展示应用。四是强化本地化应用功能。在市行政审批服务中心新媒体设备上安装了52个服务窗口的办事流程；在镇街区、社区新媒体设备上安装了民政、户籍、医疗、土地承包经营权登记发证等与老百姓息息相关的信息展示查询模块。

2. 稳步推进，成效显著

(1)打造了党委政府及工作部门新形象

通过新媒体倒逼政务公开，使之更加及时、透明，进一步规范了行政行为，方便了群众业务办理；通过在镇(街区)及社区的功能化定制，创新了基层服务方式，以“自助”的形式满足了群众“家门口”的需求，为全市各项工作步入法制化轨道起到了很大的推动作用。

(2)构建了国土资源管理工作新平台

通过新媒体设备，及时贯彻传递上级国土资源重大决策及最新工作部署，发布最新要闻、政务信息、国土资源舆情等重要资讯，面向社会公开政府职能、法律依据、实施主体、职责权限、管理流程、监督方式等事项。

(3)探索了国土资源新闻信息宣传新路子

全面建成了覆盖政府机关、社区、分局新闻资讯、政务信息、通知公告等政务、新闻发布体系，丰富了国土资源新闻信息宣传方式，提升了国土资源信息化建设新水平。以“国土资源云”建设为统领，以新媒体建设为抓手，不断加强信息化建设，充分整合国土资源信息化工作成果，消除了“信息孤岛”，扩大了资源共享。

昌邑市国土资源局的新媒体建设工作之所以能够取得较好的阶段性成果，得益于以下四方面：一是争取支持。昌邑局新媒体基地建设工作得到了潍坊市局、昌邑市委市政府主要领导及分管领导的大力支持，成立了新媒体建设工作领导小组。争取人才支持，引进了4名专业技术人员;争取市财政资金支持,提供资金保障。二是夯实基础。投资1300余万元,建成了中心机房,搭建了业务网,政务内、外网3个网络环境,组建了部、省、市、县、乡五级联网的视频会商系统;构建了全市唯一、权威、通用的地理信息公共平台,为"智慧昌邑"建设提供了有力的数据支撑,被住建部列为全国首批"智慧城市"试点县。先后在国土、规划、农业、城管、应急等领域开发了15个应用项目,达到了省内领先水平;完成了数据中心建设,研发了矿山远程监控、土地执法远程实时监控等10个应用系统。三是规范管理。与报社签订了《战略合作协议补充协议》,充分发挥其人才优势和技术优势;在局内部,制定印发了《关于进一步推进新媒体建设的实施意见》《新媒体平台操作手册》,确定专人负责维护更新工作,并邀请报社技术人员进行了专业、系统的培训学习。四是分步实施。坚持"先易后难,先简后繁"原则,在新媒体技术上坚持"先求用、再求好、后求全",先行建设新媒体网络布局,再有针对性地定制个性化需求。

3. 再接再厉,创新应用

在国土资源报社的指导支持下,重点开展好以下三方面的工作:一是完善新功能。加强与地理信息公共服务平台和各业务系统的对接,完善新媒体的地图服务和成果展示功能;加强原创内容和功能应用,增强新媒体建设项目的持续性、实用性及增值服务等属性;开发国土微信平台,将国土大屏栏目内容纳入微信平台,不断提高国土资源公信力、影响力。二是增添新栏目。拍摄《国土新闻联播》《大兵小将》等情景剧,增加《国土有奖知识竞赛》等栏目。三是延伸新触角。让新媒体建设深入干部职工业余生活。与市网络公司合作,争取为每个干部职工家庭增添一部专用机顶盒,使干部职工可以在晚上或休息时间在家里观看国土资源新媒体的所有栏目。

第六章
公共服务型政府构建的保障体系

第一节　进行服务型政府理论宣传，加强公务员服务意识教育

在推行公共服务型政府建设的过程中，一些职能部门的领导干部对公共服务型政府建设的重要意义认识并不十分清楚，缺乏公务员的服务意识，走不出"官为重，民为轻"的思想泥潭，这样就会导致工作被动应付甚至抵触。说到底，"为人民服务"还没成为某些公务员的主导价值观。思想是行动的先导，建立公共服务型政府必须从对公务员的思想教育入手。在政府改革的攻坚阶段，政府是改革的领导者、组织者和推动者，又是被改革的对象，必须增强自我意识的改变。

因此，深化公共服务型政府建设首先要从观念上突破，加强理念建设，促使公务人员树立起"全心全意为人民服务"，并且是主动提供平等、规范、高效、公众满意服务的行政理念。

具体来说，当前应通过报刊、电视、互联网等大众媒体多渠道宣传服务型政府建设的重要性和意义，并通过加强对公务员的行政伦理教育提升公务员思想觉悟，培养公务员的自律能力、主动服务意识和公仆意识，从根本上实现由管理者向服务者的角色意识转变，力求做到"为人民服务，让人民满意"。

1. 加强对部门领导有关“服务人民”“人民民主”“服务型政府”等理论方面的教育和培训，使其牢固确立“为人民服务”的价值观，由“官本位”“管制”的理念和思维方式，转变为“民本位”“服务”的理念和思维方式，站在保障公民利益的角度，自觉地实施服务型政府的职能。

2. 通过人大立法强制推动价值观和思维方式的转变。对于这种转变政府职能的自我革命的大变革，仅仅依靠政策推动和说服教育是不够的，必须上升到法律的高度，依靠法律的强制手段，形成足够的外部压力。

3. 观念的背后是利益，对不愿放弃部门或个人利益者，采取必要的组织手段，所谓“不换思想就换人”。在某些公务员中存在的“门难进，面难看，话难听，事难办”和“吃、拿、卡、要”现象，以及不关心群众痛痒，漠视群众疾苦的官僚主义作风，使政府“以民为本”的形象在群众心目中打了不少折扣。对这种不是以民为本，而是“以官为本”“以权为本”“以私为本”的不良风气，各级党委和政府必须下最大的决心、以最大的力度予以整肃。整肃不仅要治标，更要治本。

4. 广抓典型，实施奖励。在各个公务员部门，每年、每个季度找出相对来说思想比较先进、工作比较符合服务型政府的先进个人或集体予以奖励。通过这种方式来激励公务员内心的改革，促进他们工作的进步，思想的转变。对先进的个人和集体要进行大力的宣传，给予他们鲜花与掌声及物质的奖励。这些先进的个人或集体不一定要做出惊天动地的大事，不一定要牺牲自己的利益，只要他们心系百姓、服务人民就应该鼓励，应该宣传。通过互联网、媒体或报纸杂志的宣传不仅可以激励其他的公务员努力工作，创新工作，还可以让广大百姓都知道政府的新举措，改变他们心里对政府某些不好的看法。

当然，对这些优秀的公务员进行宣传时，不一定都得让他们成名，宣传要恰到好处，既起到激励鼓舞的作用，又不能太过宣传，让大家觉得不真实，而且不利于大家的学习，浪费媒体资源。

5. 建立网上社区。每个公务员部门都可以建立一个自己的网上社区，可以模仿许多娱乐社区，使得本单位的职员可以各抒己见，畅所欲言，用生活的、感性的语言描绘工作的事，谈谈自己在建设服务型政府过程中的心得和自己做的工作。把政治变得有意思，变得生动活泼，让更多不为人知的事浮出水面，可以避免官场主义，消除公务员上下级之间的隔阂与勾心斗角，省下力气作实事，走新路子。而且，这样做既可以搞宣传，又可以促进民主、廉政的风气。

在社区里，本单位的公务员可以发表文章，留帖子，其他的人可以回应他，可以支持，可以反驳。在留言板下可以留出一块地方让百姓留言，更可以留出一块地方让本地市的其他公务员部门员工留言，相互学习。所有人员可以留下真实的姓名，也可以留下虚拟的姓名，坦诚相见，百家争鸣。那些网络上不相关的人、不相关的事，陌生的地方、陌生的故事尚且能让那么多人关心，如果建立起这样的社区，本单位的事、自己城市的事怎么会没人关心，没人参与？

6. 进行读书讲座活动。现在公务员参加的学习教育活动不可谓不多，而针对性强、使人学得入脑、成效明显的却很少。这要求各级党组织和思想政治工作部门，决不能仅满足于组织公务员"学过了"，更要注重学习教育活动的实效性，改进学习教育的内容和方式方法，使广大公务员听得入耳，学得入脑，用得上手。首先要聘请老师为公务员讲授最新的建设服务型政府的理论知识。讲授内容要生动有趣，不能死讲理论，生搬硬套。在一段学习时间之后，可以在单位里组织讨论会，让所有人都谈谈自己的心得体会，加深理解，形成服务意识，使为人民服务成为一种风气。

第二节　完善服务制度,建立符合中国特色的公共服务体制

要想使公共服务型政府的建设落到实处,必须要有体制的保证,想要公务员仅仅凭着自己的觉悟和自制力来建设这样大公无私的政府是绝对不可能的。完善服务制度,建立符合中国特色的公共服务体制是建立服务型政府的关键。

1. 借鉴江门市将ISO质量管理体系导入政府的成功案例,各省市也可以在政府工作部门导入ISO9001质量管理体系。

ISO质量管理体系的管理理念的很多方面符合服务型政府所追求的理念。两者所追求的最终目标,都是为顾客或市民和社会提供有效服务。这种以服务为目标的价值取向的一致性,决定了在各省市政府系统导入ISO质量管理体系是有一定的可行性的。ISO9001标准是一套严密的质量管理标准,它在日常管理中强调和推行"顾客导向、领导作用、全员参与、过程方法、管理的系统方法、持续改进、基于事实的决策方法"等原则,这些原则可以为政府及其部门所借鉴;ISO9001质量管理体系的过程控制方法的一个重要手段是过程记录。把过程记录方法引进政府部门的日常管理与服务,可以增强公务员的责任感,提高公务员工作的可追溯性;通过加强对工作环节的控制和管理,以及大量的过程记录数据,有利于领导进行管理和决策;更为重要的是,政府部门本身的组织结构都较为健全,有开展工作所必需的资源。另外,计算机等自动化办公设备在机关工作中的普遍运用,也有利于按ISO9001标准的要求监控机关工作过程,减轻质量记录管理的工作量,为贯标工作创造了有利条件。

2. 建立公共服务均等化制度

对经济欠发达、财政收入规模小、公共财政支出低于区域内平均水平的乡镇，郊区县要加大转移支付和增加专项补助，逐步实现区域内基本公共服务均等化。

建立普及的社会保障制度。社会保障是指国家通过动员社会财力为生活困难的社会成员提供最基本的生活支持，其本质是社会财富在时间和空间上的再分配，具备明显的国家性、强制性、再分配性和基本保障性。完善的市场经济体制需要健全的社会保障制度，健全的社会保障制度应当充分体现出上述“四性”的特征。当前，在我国农村地区普遍存在的“儿子养老子”现象不是社会保障，是家庭保障；高度集中的计划经济体制下和经济转轨时期，企业为其离退休职工发放退休金的养老形式也不是社会保障，是企业保障；靠动员一个地区或一个部门的财力为本地区或本部门的人员提供最基本的生活保障可称作“地区性保障”或“行业保障”，都不是真正意义上的社会保障。目前，我国居民的最基本的生活保障主要是靠家庭保障、企业(单位)保障和地区性(社会)保障来维持的，国家级统筹的社会保障制度在我国还没有完全建立起来。作为我国社会保障主体的社会保险包括基本医疗保险、基本养老保险和失业保险。目前，社会保险还没有一个统一的参加范围，同时，在实际操作过程中由于人们对社会保险的认知程度、参与意识和自我保护能力还远远不够，再加上社会保险制度本身的执行成本高，基本养老社会保险的实际覆盖面(实际参加社会保险的人员占全部从业人员的比例)还较低。如果从全部人口的角度来考察，当前我国社会保险的覆盖面会更低。从制度执行状况看，国有企业执行得相对较好，其他所有制企业尤其是私营或“三资”企业则执行得较差，社会保险制度执行面(实际参加社会保险的人员占应该参加社会保险的人员的比例)较低。

从关注弱势群体的角度出发，集中解决最突出的经济社会问题。当前，我国最突出的问题就是弱势群体的生存和发展的基本权益得不到有效保障。要关注农民工问题，要为他们提供最基本的人身权利保障，建立有效机制，解决农民工工资拖欠等相关问题。

关注城镇待业人员、大中专毕业生的就业问题。许多社会学专家对城镇待业青年进行了心理分析，认为这部分群体的违法犯罪倾向最高。大中专毕业生就业难也是一个复杂的社会问题，对家庭和社会心理的冲击很大。政府必须在解决这些问题上有所作为。

目前，虽然各级政府已经重视和开始建立城镇救济体系，但由于资金短缺和措施不到位，许多生活困难的下岗职工事实上处于无人过问的境地。应当建立最基本的救济体系，为城市下岗职工提供有效保障。

3. 推进电子政务建设

个人和企业不会变成了解公共服务变化的专家。但只有了解了公共服务是如何实施的，他们才能更有效地获得服务，所以，公共服务必须对所有人透明。“暗箱操作”是我国政府管理社会的一个弊端，在某些地方，与百姓切身利益密切相关的政策往往是在“幕后”运作出台。在这种神秘所产生的“权威”下，政府与百姓产生了距离和隔膜，甚至为腐败现象提供了温床。

政府要想更好地担负管理社会经济事务的职能，就必须顺应趋势，加快改革步伐，实现政务公开、政策和法规透明；加快电子政务的建设，让全社会及时了解公共信息，由此提高全社会应对各类突发性事件的能力。不仅如此，网上公共服务使个人和企业能够更快地获得服务，例如缴税、申请执照等，所有的这一切都可以在网上实现，这样在几个小时甚至几分钟就可以完成这些，而不像以前需要几天。我们的实践经验表明，让人们应用电子政务不但可以使个人获得方便，而且对于公共服务本身而言也是有好处的。

在网上处理政务可以在广泛的范围内节约施政成本。

应当进一步参照英、德、荷兰等国政府“一站商店”形式建立行政服务中心，采取简化服务手续、制定并公布服务标准、在某一级行政区域和某些部门或行业集中为民服务，达到“一卡通行，一窗对外，一站办理，一票收费”的要求。有些地方还应建立镇便民服务中心，部分村还应建立便民服务室，初步形成市、镇、村三级行政服务网络。

电子政务是政府有效履行公共服务职能的重要方法。要实现电子政务，重要的是要尽快出台电子政务的相关立法，尽快将公民的知情权和政府信息公开化这两项内容写进宪法。

第三节　改革投资型财政体制，建立公共服务型财政体制

目前，我国经济社会发展中仍然存在不少矛盾和问题，包括：发展中不平衡、不协调、不可持续问题依然突出，科技创新能力不强，产业结构不合理，农业基础依然薄弱，资源环境约束加剧，制约科学发展的体制机制障碍较多，深化改革开放和转变经济发展方式任务艰巨；城乡区域发展差距和居民收入分配差距依然较大；社会矛盾明显增多，教育、就业、社会保障、医疗、住房、生态环境、食品药品安全、安全生产、社会治安、执法司法等关系群众切身利益的问题较多，部分群众生活比较困难；一些领域存在道德失范、诚信缺失现象；一些干部领导科学发展能力不强，一些基层党组织软弱涣散，少数党员干部理想信念动摇、宗旨意识淡薄，形式主义、官僚主义问题突出，奢侈浪费现象严重；一些领域消极腐败现象易发多发，反腐败斗争形势依然严峻。对这些困难和问题，我们必须高度重视，进一步认真加以解决。

我国经济社会发展过程中存在着这些失衡和矛盾的一个重要

原因，是现行财政体制存在着功能上的错位和缺陷。主要表现在将财政资金过多地运用在投资国有企业形成国有资产上，以及过多地投资于基础领域和竞争性行业，而在解决就业、社会保障、义务教育、环境保护等社会事业方面的投入过少。这种情况已严重损害了党和政府在广大百姓中的形象。事实上，2012 年，国家财政收入增加了 38%，达到 11.7 万亿元，占 GDP 的 23%。[①] 我国的财政总收入在总量上已经达到如此的规模，如果形成公共服务型财政的话，许多社会矛盾和问题都不难解决。要下决心改革投资型财政体制，并通过逐渐调整财政支出结构，加快建立公共服务型财政体制。

1. 建立公共服务型财政体系

公共型、服务型财政强调公共性原则，以提供公共物品为目的。凡是市场能够提供的公共物品，政府就应该适时退出，即便是政府提供有比较优势的公共物品，在提供的过程中，也应该尽量采取市场化的形式。政府权限结构是财政权限结构的决定条件，而政府的财政反过来又会影响政府职能权限结构，"公共型"理念也就要求政府的职能和范围是有限的，要求公共服务型政府是有限政府。根据有限政府理论，政府职能是有限的，政府的功能也是有限的，所以政府职能转变成为必然。

公共服务型财政也强调服务性，所以政府的服务职能有待加强。强化政府公共服务职能，做到政府职能在公共服务领域方面的不"缺位"，即加强公共设施建设，健全公共服务系统，加大对义务教育、公共卫生、社会保障等领域的公共财政支出；尤其支持落后地区和农村方面的支出，使得各地区之间的人均财力相对均衡，实现各地区基本公共产品与服务供给水平的均等化，体现社会的公平、正义；同时注重政府的社会管理职能，加强社会事务的管理，

① 参见财政部：《2012 年财政收支情况》。

维护社会公正。

2. 完善现代公共预算制度

1994年以来，我国建立了分税制财政体制，那次改革把税权下放，从中央到省、到地方、到县和乡，每级只要求下一级在每项税种中往上交多少比例的税收，剩下的权限就留给下级政府。从表面看，税权下放而不是由中央统一掌权，加之税收、收费、罚没、基金等收入方面的改革，使财政收入管理逐步适应了社会主义市场经济运行的要求，是件好事，会给地方更多发展经济的激励。只不过，改革设计者没想到或不愿意想到，在没有实质性权力制约的体系下，特别是在新加税种的权力不在立法机构而是在行政部门的国情下，把税权下放等于是为各级政府随意加税大开绿灯，国民没有正式途径对随意增加的税负表达意见，尤其是现行财政支出预算管理的方式，与建立社会主义市场经济体制和构筑公共财政运行机制的要求越来越不适应，各方面要求预算管理改革的呼声越来越高。要想彻底解决这一问题，其根本出路在于加快地方预算管理的改革，促进预算支出模式的创新。从而改革掉当前的分税制和财政收付体系下，各级政府间的财权和承担的公共责任相当程度的不配比现象。

近几年来，我国在预算领域实施了以部门预算、政府采购、国库集中收付为核心的一系列改革。这些改革措施的顺利实施和全面推进，为我国预算制度的规范化、科学化和程序化起到了很大的推动作用。然而，就总体情况而言，预算在我国仍未得到应有的重视。

2012年，我国一般公共支出超过12万亿元[①]，比10年前提高了许多，但是城市和农村之间、发达地区与贫困地区之间、高收入阶层与低收入阶层之间、强势群体与弱势群体之间，仍然存在对前

① 参见财政部：《2012年全国公共财政支出决策表》。

者支出锦上添花过多，对后者支出雪中送炭太少之嫌，从而形成了极不平等的利益分配格局，与政府承诺的“建设和谐社会”的理念有一定差距。究其原因，在很大程度上在于国家的战略重点未能得到政府预算的及时反映和有力支持，国家的政策目标和政府预算的重心形成了互不融合的“两张皮”。虽然党和政府提出了良好的施政理念和施政目标，实施了正确的施政纲领，但终因现行预算系统基础架构的陈旧过时和预算理念的落后，使得财政资源无法被准确地导向政府的施政重点和优先领域，而使那些低价值的项目长期占用和消耗大量稀缺的财政资源，成为政府施政能力无法增强、施政绩效无法提高的重要原因。施政目标与施政能力之间的巨大落差，表明我们在通过预算改革使其成为政府施政利器方面还存在巨大潜力，同时也面临着诸多的困难和挑战。

有鉴于此，以与我们有着相似历史背景、相同改革起点、相近制度体系的俄罗斯为参考对象，对其预算制度改革及改革中的一些极为重要的问题进行深入、系统的研究和探讨。在这里，对我国政府施政工具的选择和预算制度的完善提几点建议和措施。

(1)宏观预算改革，明确各级政府的事权范围。中央政府制定《预算改革全局发展规划》。全局发展规划是处理中央与地方政府间财政关系的基本模式，其基本使命是在保证全国所有地区的财政资金供应都能达到最低社会保障要求的前提下，鼓励各个地区开展竞争，努力增加预算收入，以向本地居民提供更好、更优质的公共服务。

改革现在的收入与责任不相匹配的现象，新模式的做法是先分权再分钱，即在明确划分各级政府的支出责任和支出权限的情况下，对税收职能和税收来源进行合理配置，以使各级政府都能得到与其支出权限相对应的收入保障，并设立一整套较为完善的转移支付体系，以通过国家预算资金的再分配拉平各地区的预算保障能力，使各地区居民能享受到大致均等的公共服务。经过几年的努力，一定会使我国地区预算平衡状况好转，各省的自有权限及中央政府的财政资金都得到保障。

(2)中观预算改革，即预算资金管理改革。制定“国家预算程序改革构想”。预算程序改革将通过提高预算过程参与者和预算资金管理者的责任感和独立性，将预算过程的重心从“管理支出”转移到“管理结果”上来，以建立高效的预算资金支出管理体系。其核心就是实施在西方发达国家广泛采用的规划预算。与目前占主导地位的投入预算不同，规划预算的编制有明确的目标和结果要求，其制定目标应符合国家政策的优先发展方向和战略目标，应有明确、具体并可计量的预期结果(包括直接结果——提供服务的质量和数量，以及最终结果——提供服务的效率)，以及检查实施结果的详细的指标体系。这种预算方式既保障了预算资金的分配和实际使用结果与国家战略重点和优先发展方向的一致，又确保了预算计划制订和规划财务管理的监督质量，是我国未来预算支出编制的重点发展方向。

国家从中央一级开始制定中央专项规划、省专项规划，将教育、医疗、住房和农业列为国家优先发展项目，将更多精力放在服务型项目上，并应当成立专门部门监督这些规划的实施完成。

(3)微观预算改革，即预算部门机构改革。这是以强化法律权能和推行新的预算拨款方式，对预算单位的法律组织形式和管理形式进行的改革。法律权能改造是指按照提供公共服务性质的不同，将预算单位划分为纯预算拨款单位和非营利政府组织。对于提供纯公共产品的单位，将继续保留在预算系统内，财政将予以百分之百的拨款保障，但不得再从事经营性活动。为了保障对这些预算单位有效管理，政府将与各预算单位负责人签订合同，合同的内容包括反映预算单位活动结果的各项具体指标，以及超过批准的预算义务限额、破坏规定的核算和报告程序应承担的责任。违反合同规定可导致合同的提前解除，以及撤销预算单位负责人职务等。

对于其他预算单位，则按所属职能部门的特点和专业，改造成非营利组织。这类组织不再享受政府预算的无偿拨款，同时也不再接受提供公共服务的强制性任务，只是在自愿的基础上与国家和地方政府签订社会采购合同，即国家以各种财政形式参与到这些组织提供社会性服务的活动中，如根据不同服务类别及其财政拨款标准给予财政补贴或实行政府采购等。

从2001年开始，俄罗斯政府就采取了与上述办法很类似的措施进行财政预算改革，到目前为止，俄罗斯已构建了相对完善的预算法律体系；健全了国家财政体系，建立了国家财政风险长效抵御机制；以绩效为导向的公共预算改革使政府行为第一次暴露在阳光之下，有效遏制了官员腐败；逐步厘清了预算单位的组织结构和类型划分，并依此对预算单位进行了改造和重组，提高了政府行政效率，缓和了社会矛盾；而预算与政策的有效结合，更是使普京"强国富民"的战略方针得以顺利达成和实现：自2000年以来，俄罗斯国内生产总值6年间增长了70%，外汇储备名列世界第三，人均GDP超过7000美元，重新成为世界第十大经济体。

预算改革在促进俄罗斯经济腾飞、迅速崛起的同时，也使居民生活得到了极大的改善。从1999年到2012年，俄罗斯人均收入增长了6倍，扣除通货膨胀因素后的实际收入增长幅度超过了200%，约为GDP增幅的3倍(6年经济总量提高了近70%)。与此同时，针对老百姓最关心的话题：教育、医疗、住房、养老等，普京连续3年在对议会的预算咨文中将这几个方面列为国家战略重点，要求政府加以重视和解决。作为国家战略重心和政策优先方向，教育、医疗、住房以及农业被列为国家优先发展项目，得到了预算的大力支持，各级政府约1/3的财政支出用在了这些领域，建立和维持了一套相对完善的社会福利和社会保障体系，让弱势群体也充分享受到了改革带来的成果。

3. 建立成本低廉的财政体系

公共财政是一种效率财政,强调成本意识,强调财政资源的效益、效率和有效性。在公共服务中,有很多项目是可以有私人参与进来的,也有一些是必须由政府来承担的,例如国防、农林保护等,为了节省公共财政,使财政的成本降低,可以把国家用在这几种服务上的资金单独拿出,分类管理。

第四节　构建行之有效的行政监督机制,加强对政府工作监督

有了好的制度,还必须进行有效的监督;否则,就会变为一纸空文。为此,我们应当建立多层面的监督机制:

(1)建立党内监督机制。如党内民主生活会、领导干部重大事项报告制度等。

(2)人大、政协监督机制。各级政府不仅每年要向市人大、市政协报告工作,接受监督,行政首长还要定期约见人大代表,向人大代表汇报工作,听取意见,及时改进工作。

(3)新闻媒体舆论监督机制。当前,建立舆论监督机制的首要困难是在思想上存在认识误区。舆论监督总是表现为政府部门权力的运作、政府官员的职权行为及社会不良习俗的公开披露或批评。舆论监督的行使,势必触动那些滥用职权、损害国家和人民利益、妨碍社会文明进步的行为者,舆论监督造成的广泛社会影响,对他们形成的舆论压力会影响他们的形象和前途,使得一些单位和领导片面地看待舆论监督与稳定的关系,认为舆论监督是给政府添乱,会损害党和政府的形象。因此,害怕舆论监督,阻碍舆论监督机制的建设。我国过分重视舆论的导向,很多人认为正面宣传为主是党和国家的宣传方针,加强舆论监督,将丑恶现象曝光,

与正面宣传为主的方针不符。

可以说这些思想都是不正确的。首先，舆论监督和社会稳定不是必然对立的，而是恰恰相反，两者具有内在一致性。充分的舆论监督，让政府的一切运作置于民众的监督之下，公平和正义得到伸张，只会促进社会的稳定，不会破坏稳定。相反，认为舆论监督是洪水猛兽，搞愚民政策，不让群众发表意见，也许能得一时的安宁，但矛盾积攒多了就像火山积攒多了，即使是在深海的下面也是要爆发出来的，那时就悔之晚矣。其次，作为民主的国家，社会舆论没有“正面”“负面”之分，所有的现象都是社会的一面，只要大众传媒有强烈的社会责任感，不是从团体或个人的利益出发去看待社会、表现社会，而是从有利于社会的发展进步、有利于传播先进的文化和观念的角度去观察社会，丑恶现象的揭露也不会影响社会的前进，而是揭露社会，推进了社会的进步。但是，我国的许多政府机关都没有认识到这种错误，新闻媒体在优势的行政权力面前，显得特别弱不禁风。

鉴于我国新闻媒体舆论监督的发展情况，搞好舆论监督主要应从以下几个方面做起：

一是严格执行《中华人民共和国政府信息公开条例》，保障舆论监督权实现的必要前提：知情权。早在 1951 年，芬兰就颁布了《政府文件公开法》，将知情权从新闻报道中的自由权独立出来；美国 1966 年制定了《信息自由法》，规定除了九项特别情况外，一切政府文件必须对公众公开，允许公众按照行政机构规定的程序得到政府文件。

二是在时机成熟的情况下，改革我国新闻媒体成立的审批制和媒体所有权完全公有制的方式。目前世界上大多数国家采用注册登记制，即向政府有关管理部门注册即可创办，无须批准，这种登记完全和其他企业开办一样，其目的只是便于日后有关国家机关进行监管和了解情况。在很多传播业发达的资本主义国家，并不限制公民个人、私营企业开办传播机构,在宪法里会明文规定公民享有民主和自由。

三是保障采访自由,制定法律法规保障新闻媒体能自由采访国家权力机关举行的各种会议;社会组织和个人涉及公共利益的活动不禁止和拒绝采访;无正当、合法理由,不干扰记者的采访活动;记者进入某些采访地区应受到特殊照顾。

四是取消批评报道审核制,不准对批评报道事先审查。新闻媒体监督的重要对象就是行政机关,而在发表评论之前,政府部门又成了媒体的“监督”者,这就为政府部门阻碍媒体报道留下了空间。

(4)市民监督机制。如开展“万人评议机关”,建立投诉中心,完善政务公开、厂务公开、村务公开制度,开设市民网上议政论坛等。

第五节 建立服务型政府绩效评价体系,提高政府工作质量

政府绩效评价就是根据管理的效率、能力、服务质量、公共责任和社会公众满意程度等方面的判断,对政府公共部门管理过程中投入、产出、中期成果和最终成果所反映的绩效进行评定和划分等级。

从意识观念的角度考虑,发展绩效评估能促进政府管理理念的变革,树立科学发展观。首先,发展绩效评估能在政府组织范围内形成浓厚的绩效意识,这种意识观念的形成将贯穿于行政管理的实践活动之中,将有利于政府绩效的提高。其次,科学的政府绩效评价通过引入外部评价机制、吸收外部评价主体,可以有效地向政府表达公众的意愿,并迫使其接受科学的管理理念。特别是当

绩效评价的结果与相应的激励和问责机制结合起来以后，可以形成强大的外部导向和压力，强制性地扭转政府对其行政结果所作的错误价值衡量，纠正政府的违法行为，引导政府回归科学与理性。

从发展的角度来讲，开展绩效评估不仅能帮助政府认识到当前的绩效水平，还能预测政府的工作发展趋势。首先，要想更好地提高政府绩效，就必须先了解目前的水平，包括好的方面和不足的方面，只有这样才能方向明确、对症下药，从而在现有的基础上大大提高政府绩效。其次，地方政府绩效评价指标为地方政府的工作预测和工作计划提供了未来的发展细节，提供了发展的程度范围和数量依据。绩效评价指标根据已经占有的数据资料，在对过去和现在进行分析的基础上，探索地方政府工作变化的规律，从而对未来可能的发展变化趋势作出预测。这种预测不单纯是推算具体指标值的变化，而应着重分析数量发展变化时的各种社会经济背景条件。地方政府绩效评价指标展示了预测与计划的具体内容。评价指标与地方政府的组织目标之间的关系是一种"目标→手段→指标链"的关系，地方政府预测和计划的内容可以通过绩效评价指标体现出来。地方政府绩效评价指标可以检查地方政府的预测和计划。地方政府的预测是否正确，地方政府的计划是否如质如量如期完成等，都可以通过绩效评价指标随时进行检测与追踪。

从业务流程的角度考虑，开展政府绩效评估能改进政府的业务流程，提高公共服务的质量。我国政府部门现行的业务流程中存在大量多余的、重复的环节和无价值的延迟环节；在结构上主要着眼于政府工作的便利，而较少考虑公共服务的要求；不同业务部门之间的业务流程缺少有效的衔接。以上这些缺点和不足都容易引起服务对象对政府的不满。通过绩效评价，一方面可以建立起一套科学的业务流程测评与优化机制，有利于政府及时找出问题、对症下药；另一方面，政府部门也可以借此了解服务对象对政府业务流程的具体要求，设计出更科学、更合理、更人性化的政务流程，进而达到改进政府业务流程、提高公共服务质量的目的。

从提高我国政府总体绩效的角度考虑，开展政府绩效评估能体现地方政府之间的各自的优势和差距，能在地方政府之间进行绩效比较，从而有利于各地方政府之间进行经验和优势的借鉴，弥补各自的不足。同时，政府绩效评价体系也为地方政府部门之间进行绩效考核提供了依据，有利于地方政府之间形成竞争发展的良好态势，并最终有利于我国政府的总体绩效和全社会的总体效益的提高。

然而，我国的政府绩效评估系统有很多的不足之处，需要进一步的完善，措施如下：

(1)绩效评价指标体系要全面完善，所选评估维度与指标要能够全面覆盖政府绩效的主要方面，至少做到覆盖80%；各指标概念要明确具体，不会产生歧义或含糊不清，而且相互独立，保证每个指标仅指向单一的工作活动或其结果，而不是一群活动内容；指标要具有较强的可操作性，也就是要可以跟踪和监督这些关键绩效指标，为绩效信息的收集提供方便；同时，每一指标都要规定有明确而具体的评估标准。为了让评估主体和被评估对象对评估的指标及其标准有一个全面深刻的把握，最好由两者共同参与制订被评估对象的绩效计划。

(2)选择适当的绩效评估方法。每一种评估方法都有其优点和不足，方法选择不正确本身就容易产生评估误差。因此，要根据具体的评估目的选择最适当的评估方法。实践中可以将多种评估方法综合起来使用，如采用目标管理法和行为锚定评估法对工作目标和行为目标进行界定。在评估主体评估时，又用强迫分布法进行规范和约束，最后在评语部分要求采用关键事件法对员工工作过程中的行为加以说明。

(3)每一绩效维度都要单独评估。也就是说,只有当所有被评估对象的该项绩效维度都被评定完后,才可进行下一维度的评估。同时,每一评估主体所要评估的对象不可过多,尤其不能在很短的一段时间内评估许多人;还有,系统应选择适当的评估期限。期限一定要足够长,使评估对象能在这一期间内充分表现自己,并能彻底完成所分配的工作,但也不可过长。否则,既可能诱导近因效应等误差的产生,又不利于及时发现和纠正绩效问题。

(4)增加绩效评估工作的透明度。具体包括让评估双方了解评估方案的制定原则和过程:熟悉评估项目体系,保证评估主体对评价指标理解的同质性;对评价指标与方法的科学性进行必要的介绍与讲解,让双方对评价指标、方法和结果产生信任感和认同感。

(5)评估系统应严格要求评估主体认真遵照评估规程中所规定的评估方法和评估标准,排除其他顾虑,实事求是地进行独立评估,保证评估工作的严肃性。

本文在结合十八大报告对政府职能的新定义和一些绩效评价逻辑模型的基础上,结合实际情况,设计出了经济绩效、服务绩效、内部绩效和社会绩效四个评价维度,并逐级分解,确定了 13 个二级指标以及 35 个三级指标,形成了具有高信度和高效度的政府绩效评价指标体系,建立了基于人工神经网络的政府绩效评价模型,能有效地对政府绩效水平进行评价,并能发现政府管理过程中的问题和不足,对症下药,帮助政府部门确定改革和努力的方向,并最终有助于政府绩效水平的提高。

主要参考文献

一、期刊论文

[1]杨小平,娄彦华,巫绪芬.绩效评价指标选取的统计方法及其应用[J].技术经济,2002,173(5):61-62.

[2]张康之.限制政府规模的理念[J].行政论坛,2000(4):17-19.

[3]迟福林.全面理解“公共服务型政府”的基本涵义[J].人民论坛,2006(5):68-72.

[4]李堂军,张鸿堃,孔立志. 青岛市公共服务型政府模式与策略[J].改革与战略,2009,25(09):111-114.

[5]徐娜娜.BP 神经网络在企业绩效考核中的应用[J].企业科技与发展,2010,290 (10): 149-151.

[6]盛明科.政府绩效评估的主观评议与多指标综合评价的比较[J].湘潭大学学报,2009,33(1):14-18.

[7]曾小龙.我国政府管理模式的演变探析[J].理论导刊,2009(7):11-13.

[8]赵成根.新公共管理视角的政府管制模式转型分析[J].学海,2006,11(3):56-59.

[9]褚添有.经济导向型政府管理——1978～2003 年中国政府管理模式研究[J].学术论坛,2008, 31(5):41-44.

[10]吴建南,孔晓勇.地方政府绩效评价指标体系的构建:以乡镇政府为例[J].理论与改革,2005(5):53-57.

[11]彭国甫.政府绩效评估指标体系三维立体逻辑框架的结构与运用研究[J].兰州大学学报(社会科学版),2007(1):40-46.

[12]胡春萍,杨君.德尔菲法在构建政府绩效指标体系中的应用[J].山西行政学院学报,2007(11):12-15.

[13]邹亚宝,郑少智.政府政绩综合评价指标体系构建初探[J].北京统计,2003,(10):58-59.

[14]倪星.地方政府绩效评估指标的设计与筛选[J].武汉大学学报(哲学社会科学版),2007(2):35-39.

[15]温志宏.从增长速度与财税收入的局限看政府业绩评价制度[J].统计与决策,2000(4):21-22.

[16]吴建南,杨宇谦,阎波.政府绩效评价:指标设计与模式构建[J].西安交通大学学报(社会科学版),2007(5):79-84.

[17]师帅,刘沃野.评估指标关联性因素分析方法研究[J].经济数学,2010(2):24-26.

[18]石富覃.地方政府绩效评价指标体系设计的导向和原则研究[J].开发研究,2007(03):140-143.

[19]包国宪.绩效评价:推动地方政府职能转变的科学工具[J].中国行政管理,2005(7):68-71.

[20]冯志鹏.地方政府绩效评价指标体系及综合评价方法研究[J].社会科学I辑,2011(S1):58-67.

[21]索勇超.政府绩效评价指标体系研究[J].沿海企业与科技,2005(12):115-119.

[22]M. Armbrust, et al. Above the clouds: a Berkeley view of cloud computing[J]. EECS DEPARTMENT UNIVERSITY OF CALIFORNIA BERKELEY, 2009, 53(4):50-58.

[23]P. MELL. ,Grance T. The NIST definition of cloud

computing[J]. Communications of the ACM,2011,53(6):50-50.

[24]吴吉义等.云计算:从概念到平台[J].电信科学,2009,25(12):1-11.

[25]李乔,郑啸.云计算研究现状综述[J].计算机科学,2011,38(4):32-37.

[26]王庆.加快转变政府职能 建设服务型政府[J].改革与开放,2011(2):1-3.

[27]马建珍.打造高效政府 优化创业环境[J].南京社会科学,2004(9):366-370.

[28]吴颖蕾.浅论强镇扩权下行政管理型政府向公共服务型政府的转变[J]. 改革与开放,2011(5):100-101.

[29]黄丽.构建服务型政府的现状分析及对策研究[J].改革与开放,2010(11):36-37.

[30]吕蕾.论行政管理体制改革背景下廉洁高效的服务型政府构建[J].改革与开放,2010(11):26-28.

[31]廖敏,凌学武.我国服务型政府建设的理论基础辨析与困境反思[J].攀登,2008,27(05):110-112.

[32]毛中根,洪涛.服务型政府建设与南京市创业环境优化[J].南京社会科学,2004(9):361-365.

[33]燕继荣.服务型政府的研究路向——近十年来国内服务型政府研究综述[J].学海,2009,(01):191-201.

[34]于文轩,林挺进,吴伟.提升政府治理水平 打造服务型政府[J].华东经济管理,2012,26(7):26-30.

[35]佟福玲,杨宏山.从管制型政府走向服务型政府[J].中国行政管理,2005(10):94-95.

[36]吴玉宗.服务型政府建设欲行还难——服务型政府建设阻力分析[J]. 社会科学研究, 2007(4):8-14

[37]吴玉宗.服务型政府:概念、内涵与特点[J].西南民族大

学学报，2004（2）：401-407.

[38]吴玉宗.服务型政府：缘起和前景[J].社会科学研究，2004(3)：10 -13.

[39]郁建兴，徐越倩.从发展型政府到公共服务型政府——以浙江省为个案[J].马克思主义与现实，2004(5)：65-74.

[40]施雪华."服务型政府"的基本涵义、理论基础和建构条件[J].社会科学，2010(2)：3-11.

[41]程倩.以服务型政府建设推动社会管理创新[J].中国行政管理，2012(8)：28-32.

[42]姜异康等.国外公共服务体系建设与我国建设服务型政府[J].中国行政管理，2011(2)：7-13.

[43]李永友.公共服务型政府建设与财政支出结构效率[J].经济社会体制比较，2011(1)：67-78.

[44]井敏.论服务型政府与公共服务型政府的区别[J].云南行政学院学报，2006(4)：94-97.

[45]傅耕石.服务型政府：我国政府发展的理性选择[J].社会科学战线，2007(3)：215-218.

[46]郁建兴，高翔.中国服务型政府建设的基本经验与未来[J].中国行政管理，2012(8)：22-27.

[47]姜凌雯.加快政府职能转变 构建服务型政府[J].学理论，2014(30)：12-13.

[48]吴隆文.社会治理创新视域下的服务型政府建设[J].哈尔滨师范大学社会科学学报，2014(5)：26-28.

[49]董丹妮.中国服务型政府的价值内涵与构建路径[J].经济研究导刊，2014(31)：264-267.

[50]胡炎平.服务型政府视角下的行政服务标准化研究[J].陕西行政学院学报，2014，28(04)：33-35.

[51]姚选民.基于社会最不利者服务型政府的构建战略[J].

南华大学学报(社会科学版),2014,15(06):67-71.

[52]陈显中,陈洁.网络环境下服务型政府建设面临的挑战与机遇[J].产业与科技论坛,2014,13(13):11-12.

[53]杨国鹏.我国公共服务型政府建设问题研究综述[J].中州学刊,2006(2):9-18.

[54]周红.政府公信力:服务型政府的基础[J].西北师范大学学报(社会科学版),2007,44(6):58-61.

[55]范逢春.我国地方政府建设服务型政府述论[J].安徽大学学报(哲学社会科学版),2004,28(4):76-87.

[56]马宝成.中国服务型政府建设十年:主要成就和未来展望[J].国家行政学院学报,2012(5):32-38.

[57]陈红太,李严昌.中国服务型政府的四种模式[J].中国行政管理,2007(7):103-106.

[58]闫平.服务型政府的公共性特征与公共文化服务体系建设[J].理论学刊,2008(12):90-93.

[59]杨雪冬.公共权力、合法性与公共服务型政府建设[J].华中师范大学学报(人文社会科学版),2007,46(02):26-34.

[60]李松林.论新公共服务理论对我国建设服务型政府的启示[J].理论与实践,2010(2):88-90.

[61]侯玉兰.新公共服务理论与建设服务型政府[J].国家行政学院学报,2005(4):31-34.

[62]唐昭霞.服务型政府建设与新型社会保障体系构建[J].人民论坛,2015(4):148-150.

[63]苗宁平,暴丽艳. 智慧管理: 服务型政府构建的新内涵[J]. 山西经济管理干部学院学报,2015,23(1):25-28.

[64]高小平.《建设服务型政府与完善地方公共服务体系研究》评介[J].中国行政管理,2015(5):149.

[65]沈亚平,王阳亮.服务型政府建设的逻辑[J].理论探讨,

2015(3):145-149.

[66]高海虹,邢维恭.服务型政府建设与公共服务有效供给[J].东岳论丛,2015,36(04):120-124.

[67]刘志辉.服务型政府建设成效衡量的四维分析[J].长白学刊,2015(3):85-90.

[68]楚迤斐.内涵逻辑论域的服务型政府结构体系[J].郑州大学学报(哲学社会科学版),2015,48(3):14-18.

[69]周定财,沈荣华.论地方服务型政府的结构[J].江汉论坛,2015(6):56-60.

[70]邢振江,刘太刚,郭启凯.服务型政府绩效管理探析[J].领导科学,2015(5):33-34.

[71]吴建南,常伟.基于逻辑模型的地方政府绩效评价指标设计[C]//绩效政府：理论与实践,北京：清华大学出版社,2005.

[72]罗军舟等.云计算:体系架构与关键技术[C]//通信学报学术论坛暨2011云计算学术会议,2011,32(7):3-21.

二、学位论文

[1]朱友刚.服务型政府视角下的政府信息公开研究[D].山东大学博士学位论文,2012.

[2]刘翔.中国服务型政府构建研究——基于社会治理结构变迁的视角[D].复旦大学博士学位论文,2010.

[3]于秀琴.县级服务型政府绩效评估及能力提升[D].天津大学博士学位论文,2011.

[4]赵华.服务型政府建设视角下县级政府职能转变研究[D].湘潭大学硕士学位论文,2013.

[5]伍耀辉.构建服务型政府视域下的电子政务研究[D].华中师范大学硕士学位论文,2013.

[6]何水.服务型政府及其在我国的建构[D].四川大学硕士

学位论文,2014.

[7]张彩彩.我国服务型政府建设的路径探索[D].西北大学硕士学位论文,2010.

[8]商彤.网络舆论监督对我国服务型政府构建的影响研究[D].山东师范大学硕士学位论文,2012.

[9]颜堃.我国政府电子政务的构建与实现——服务型政府视角的研究[D].云南财经大学硕士学位论文,2014.

[10]黄健.县级服务型政府建设的问题及其解决进路研究——以湖南省S县为例[D].湖南师范大学硕士学位论文,2014.

[11]肖陆军.论服务型政府建设[D].中央民族大学博士学位论文,2014.

[12]徐曼.论我国服务型政府建设现状与改进[D].华中师范大学硕士学位论文,2010.

[13]孙鹏.我国服务型政府建设的困境及对策研究[D].西北大学硕士学位论文,2008.

[14]陈卓蔓.网络舆情背景下我国服务型政府建设研究[D].湖北工业大学硕士学位论文,2014.

[15]王洪杰.论服务型政府的服务精神[D].吉林大学博士学位论文,2007.

[16]优成秀.云南省服务型政府建设中存在的问题及其治理对策研究[D].云南大学硕士学位论文,2013.

[17]郭颖.我国服务型政府建设视域下的公民参与研究[D].沈阳师范大学硕士学位论文,2013.

[18]郑晓燕.论中国服务型政府的制度构建[D].华东师范大学博士学位论文,2009.

[19]盛明科.服务型政府绩效评估体系构建与制度安排研究[D].湘潭大学博士学位论文,2008.

[20]张爱妮.我国地方服务型政府绩效评估研究[D].浙江大学硕士学位论文,2008.

[21]曾治.服务型政府构建与政府治理模式转变研究[D].辽宁师范大学硕士学位论文,2008.

[22]陈航.我国地方服务型政府流程再造研究[D].大连理工大学硕士学位论文,2006.

[23]朱泊霖.服务型政府视角下的乡镇政府行政管理体制改革研究[D].河南大学硕士学位论文,2013.

[24]徐广彤.基于服务型政府理念的政府机关绩效评估模式研究[D].浙江大学硕士学位论文,2004.

[25]汪琼.建设服务型政府:新世纪我国政府职能转变的基本趋向与路径选择[D].广州大学硕士学位论文,2012.

[26]张莉.论当代中国建设服务型政府的基本方向和要求[D].陕西师范大学硕士学位论文,2013.

[27]刘汉宾.执政为民理念下服务型政府建设途径研究[D].西南石油大学硕士学位论文,2014.

[28]付元辰.服务型政府视域下的政府信息公开研究[D].长安大学硕士学位论文,2014.

[29]聂翔.我国服务型政府建设创新路径研究[D].长安大学硕士学位论文,2014.

[30]周丹.陕西省太白县服务型政府建设实证研究[D].中国矿业大学硕士学位论文,2014.

[31]张来凤.服务型政府视域下的行政责任问题研究[D].南京师范大学硕士学位论文,2014.

[32]李广乐.浅谈服务型政府的建设模式[D].辽宁师范大学硕士学位论文,2014.

[33]杨杰.基层服务型政府建设及完善路径研究[D].河北师范大学硕士学位论文,2014.

[34]张宇涵.和谐社会下服务型政府的构建[D].河北师范大学硕士学位论文,2014.

[35]崔海燕.山东省沂源县服务型政府建设研究[D].燕山大学硕士学位论文,2014.

三、著作

[1]李军鹏.公共服务型政府[M].北京:北京大学出版社,2004.

[2]王新华,李堂军,丁黎黎.复杂系统评价理论与技术[M].济南:山东大学出版社,2010.

[3]张康之.公共管理伦理学[M].北京:人民大学出版社,2003.